ENCYCLOPÉDIE-RORET

—

TREILLAGEUR

—

DEUXIÈME PARTIE.

EN VENTE A LA MÊME LIBRAIRIE :

Manuel de l'Architecte des Jardins ou l'Art de les composer et de les décorer, traitant de la construction des Pavillons et des Kiosques en rustique ainsi que des appropriations du Treillage à l'Ornementation et à la Clôture des propriétés, par M. Boitard. 1 vol. accompagné d'un Atlas de 140 planches.   15 fr.

Manuel du Menuisier, traitant des Bois employés dans la Menuiserie, de l'Outillage, du Trait, de la construction des Escaliers, du travail du bois, etc., par MM. Nosban et Maigne. 2 vol accompagnés de 5 planches et ornés de figures. . . . . 6 fr.

Manuel du Charpentier ou Traité complet et simplifié de cet Art, par MM. Hanus, Biston, Boutereau et Gauché. 2 vol. accompagnés d'un Atlas de 22 planches. . . . . 7 fr.

Manuel de la Sculpture sur Bois, contenant l'Art de Sculpter, de Découper et de Denteler les Bois, la fabrication des Bois comprimés, estampés, moulés, durcis, etc., par M. Lacombe. 1 vol. orné de figures. . . . . 1 fr. 50

t de
ons-
que
men-
ARD.
5 fr.
oyés
e la
etc.,
s de
5 fr.
t et
ON,
d'un
7 fr.
nant
les
pés,
é de
. 50

rt de
cons-
ique
men-
ARD.

MANUELS-RORET

NOUVEAU MANUEL COMPLET

DU

TREILLAGEUR

DEUXIÈME PARTIE

TRAITANT

de l'Outillage moderne du Treillageur,
des diverses Clôtures en Treillage
à la main et à la mécanique,
des Constructions architecturales en Treillage,
de la fabrication des Claies, Jalousies, Espaliers, etc.
et de la Fabrication du Grillage métallique
à la main et à la mécanique

par M. Edmond **DARTHUY**

OUVRAGE ORNÉ DE FIGURES
ET ACCOMPAGNÉ DE 6 PLANCHES

PARIS
LIBRAIRIE ENCYCLOPÉDIQUE DE RORET
RUE HAUTEFEUILLE, 12
1881
Tous droits réservés.

AVIS

Le mérite des ouvrages de l'**Encyclopédie-Roret** leur a valu les honneurs de la traduction, de l'imitation et de la contrefaçon. Pour distinguer ce volume, il porte la signature de l'Éditeur, qui se réserve le droit de le faire traduire dans toutes les langues, et de poursuivre, en vertu des lois, décrets et traités internationaux, toutes contrefaçons et toutes traductions faites au mépris de ses droits.

Le dépôt légal de ce Manuel a été fait dans le cours de novembre 1881, et toutes les formalités prescrites par les traités ont été remplies dans les divers États avec lesquels la France a conclu des conventions littéraires.

PRÉFACE

Ce Manuel, fruit de vingt-cinq années de pratique et d'études, a été écrit spécialement pour l'enseignement professionnel. Nous le présentons aujourd'hui avec confiance aux Ouvriers et même aux Amateurs, certain qu'en suivant nos instructions, ils pourront exécuter eux-mêmes sans tâtonnement tous les travaux de treillage qui peuvent concourir à l'ornement de leurs propriétés.

Il comprend les ouvrages courants qu'on exécute ordinairement partout, ainsi que les constructions décoratives et architecturales les plus en vogue aujourd'hui.

Les anciennes méthodes, abandonnées depuis déjà quelque temps, ont été soigneusement éliminées. Nous avons décrit par principes toutes les opérations qui constituent l'art moderne du Treillageur, depuis les plus élémentaires jusqu'aux plus compliquées, en suivant une progression rationnelle et en séparant chaque genre.

Notre Manuel est divisé en deux sections : la première traite du *Treillage*, ou des clôtures en bois et la seconde du *Grillage*, ou des clôtures en fil de fer. A la première section, nous avons joint les travaux similaires en menu bois, tels que les *Claies* et les *Jalousies*, qui servent à ombrer les Serres, les Pavillons en treillage, les Constructions rustiques et même les Habitations.

Le premier chapitre renferme tout l'outillage nécessaire à l'exécution des différents travaux décrits dans le corps de l'ouvrage, leur emploi et la forme que l'usage leur a fait donner. Avant d'exécuter un travail quelconque, il est indispensable de connaître l'outil qu'on doit employer et l'usage qu'on veut en faire.

Le deuxième chapitre comprend la préparation des bois employés par le treillageur, leur dénomination d'après leur emploi, et les matières dont on se sert dans l'industrie du treillage; il est complété par la fabrication des chaînes pour les claies à ombrer les serres et par celle des jalousies. On devra le consulter toutes les fois qu'on exécutera un travail nouveau, toutes les préparations y étant soigneusement décrites. L'amateur, avant de se mettre à l'œuvre, devra recourir à ces deux premiers chapitres pour connaître les outils, les bois et les matières qu'il devra employer.

Le troisième chapitre renferme toutes les clôtures en treillage, chaque genre étant classé suivant les difficultés du travail. En effet, les clôtures sont ce qu'il y a de plus facile à exécuter dans l'art du Treillageur. L'amateur y puisera tous les renseignements nécessaires pour mener à bien la construction d'une clôture quelconque en treillage, ce qu'il ne pourrait faire s'il entreprenait ce travail sans en connaître les principes, ainsi que le font les habitants des campagnes, qui établissent des clôtures en treillage trop souvent dépourvues de grâce et même de solidité.

Le quatrième chapitre traite de tous les genres de treillages employés dans l'architecture des jardins, pour les besoins d'une propriété ou pour son ornementation. Nous y avons décrit en premier lieu la maille rectangulaire, qui est la plus facile à exécuter, et en dernier la maille à double ogive qui est la plus difficultueuse. On devra donc apprendre à faire successivement les différentes mailles décrites pour arriver à faire facilement les plus compliquées.

Le cinquième chapitre est relatif au treillage des jardins, c'est-à-dire à tous les travaux de cette nature qui sont utiles sinon indispensables pour soutenir les fleurs et pour conduire les arbres. Toutes les personnes qui s'occupent des jardins, même les plus modestes, ont besoin de connaître les opérations qui y sont décrites.

Le sixième chapitre est la conséquence naturelle du précédent : nous y avons décrit la construction des berceaux qui servent à meubler et à orner les jardins. L'exécution de ces travaux offre déjà quelques difficultés à l'ouvrier treillageur ; mais, en suivant attentivement les instructions que nous y avons données, il les vaincra facilement. Les amateurs eux-mêmes réussiront certainement, aidés par l'étude, la pratique et le goût artistique qu'ils pourront posséder.

Le septième chapitre est consacré aux constructions architecturales en treillage. Nous y faisons connaître sommairement les cinq ordres d'architecture et leur application à une construction décorative; comme exemple, nous avons décrit d'une façon claire et brève l'exécution d'un portique, et nous avons indiqué comment on doit exécuter tous les treillages artistiques. Ce chapitre est terminé par l'application aux constructions en treillages de la perspective, dont l'étude aussi agréable qu'utile, sert à modifier les plans et à créer des horizons factices, très agréables à l'œil dans la décoration des jardins. L'ouvrier ou l'amateur, qui a des connaissances même élémentaires de géométrie et de dessin, pourra, en étudiant attentivement notre ouvrage, arriver à créer de nouvelles dispositions artistiques.

Comme on le voit, ce manuel renferme la description de tous les travaux en treillage, depuis la clôture la plus facile jusqu'aux décorations les plus difficiles à exécuter. Pour le compléter, nous avons joint à ces descriptions la fabrication mécanique du treillage de clôture, opération qui ne demande aucun développement et que nous avons traitée aussi succinctement que possible.

La seconde section de notre ouvrage, traite, ainsi que nous l'avons dit, de la fabrication du grillage, c'est-à-dire de l'emploi du fil de fer pour les clôtures, à la place de la latte en bois du treillage ; elle est le complément naturel de ce manuel. L'art du grillageur est une spécialité de Paris ; c'est là où s'exécutent les beaux grillages artistiques qui concourent à l'ornementation des jardins, principalement les volières qui décorent les parcs et les grandes propriétés. On fait, il est vrai, dans les départements, du grillage pour clôtures ; mais cette fabrication est laissée à quelques treillageurs, qui ont joint cette branche à leur industrie. Quant au grillage mécanique dont nous avons également parlé, il rentre dans le domaine industriel, où la mécanique produit mathématiquement et à bas prix ce que l'ouvrier produisait auparavant avec ses mains et son intelligence.

Nous espérons que notre travail sera favorablement accueilli, d'abord à cause de son utilité évidente, puis à cause du soin que nous avons apporté à le mettre à la portée de tous, parlant à l'ouvrier le langage de l'atelier, rendant ce langage compréhensible à l'amateur, et simplifiant, autant que nous l'avons pu, les descriptions géométriques qui pourraient paraître trop arides à notre lecteur.

NOUVEAU MANUEL COMPLET

DU

TREILLAGEUR

PREMIÈRE SECTION

CHAPITRE PREMIER

ATELIER ET OUTILLAGE

§ 1. Atelier.

L'atelier du treillageur doit être bien éclairé et assez vaste, pour pouvoir sans difficulté y manœuvrer les grands panneaux de treillage qu'on veut y établir. Lorsqu'on fera construire un atelier, on vitrera toute la façade, au-dessus du soubassement, de façon que tout l'atelier soit éclairé également. Le mur du fond parallèle à la façade n'aura aucun jour et l'enduit devra être dressé à la règle, de manière à offrir une surface parfaitement plane. Les portes auront au moins 3^m de hauteur; elles seront pratiquées sur les côtés perpendiculaires à la façade; cette hauteur est nécessaire pour sortir les panneaux de treillage que l'on fabrique dans l'atelier et qui atteignent souvent cette hauteur. Le sol devra être bien nivelé; il sera en terre durcie formant une aire ou mieux en parquet, afin qu'on puisse y tracer des épures.

Si, dans un local quelconque, on voulait convertir une des pièces pour en faire un atelier, on l'arrangerait autant que possible conformément à ces instructions.

§ 2. Épure.

On nomme épure, l'endroit où l'on monte les treillages par panneaux prêts à être posés. C'est ordinairement le mur du fond de l'atelier, en face de la partie vitrée; il est nécessaire que ce mur ait au moins 4^m de hauteur sur 6^m de longueur. Pour construire cette épure, l'atelier étant disposé comme nous venons de le dire, on pose sur le mur de fond, des morceaux de bois de sapin de 0^m,08 sur 0^m,08, espacés de 0^m,50 en 0^m,50, de toute la hauteur du mur et placés parfaitement d'aplomb. On met ensuite entre les montants des traverses placées de 0^m,50 en 0^m,50, posées de niveau dans toute leur longueur, et affleurant bien les montants, de façon qu'une règle bien droite touche partout. Cet assemblage forme les bâtis destinés à recevoir les clous à crochet qui supportent les panneaux en cours de fabrication.

Les surfaces carrées en creux qui se trouvent entre les bâtis, seront renformies en plâtras et plâtre, de manière à former un enduit qui affleurera les bâtis.

L'épure ainsi construite doit offrir une surface bien plane. On fera bien de donner sur l'épure une bonne couche de peinture foncée, de manière que les tracés qui se font ordinairement au blanc puissent paraître avec netteté et s'effacer facilement. Une épure bien faite, abrège et facilite le travail.

§ 3. Outils.

Il est indispensable, pour bien travailler et faire vite, d'avoir des outils de bonne qualité et bien à la main; leurs formes varient quelque peu avec celui qui les emploie. Nous allons indiquer ici la forme généralement admise, ainsi que la nomenclature et l'emploi des outils nécessaires pour la fabrication et le montage des treillages.

A. Outils de fabrication.

Autrefois la fabrication des bois se faisait toujours en forêts; mais depuis quelques années, les ouvriers fabricants ont fréquenté les ateliers de montage et de pose, et en apprenant le montage et la pose des treillages, ils ont appris la fabrication des bois aux jeunes treillageurs.

Les outils de fabrication sont les suivants :
Une chevrette à scier;
Un chevalet à scier;
Une fourche à fendre;
Un coutre à fendre;
Une mailloche;
Un cheval à fabriquer;
Une serpe à fendre;
Des ciseaux et des coins pour la fente;

Une plane ;
Une pelureuse ;
Un garde-côte ;
Des fourches à botteler ;
Un garrot ;
Un moule à cercles ;
Un billard.

Nous allons les décrire avec détails les uns après les autres.

1° Chevrette à scier. (fig. 1.)

La *chevrette à scier* est une perche de bois rond, qui doit avoir au moins 3^m,50 de longueur sur 0^m,15 de tour au milieu, assemblée d'un côté avec un pied formant fourche en haut, et destinée à soutenir les perches qu'on veut scier. La perche de la chevrette porte dix entailles, qui sont disposées de la manière suivante : du dehors du pied fourchu à la première

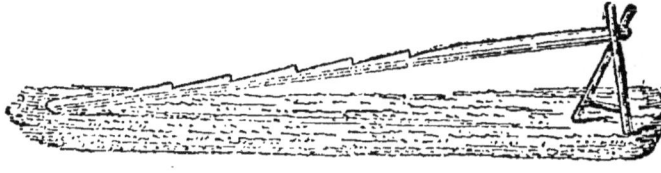

Fig. 1.

entaille 1^m ; les morceaux sciés dans cette entaille auront donc 1^m. La deuxième entaille sera à 1^m,15 du même repère ; la troisième à 1^m,35 ; la quatrième à 1^m,45 ; la cinquième à 1^m,65 ; la sixième à 2^m ; la septième à 2^m,33 ; la huitième à 2^m,65 ; la neuvième à 3^m, et la dixième à 3^m,33.

Cette chevrette sert à scier les bois destinés à la fabrication des tuteurs, des échalas, des pieux, des treillages et des cercles.

2° *Chevalet à scier.* (fig. 2.)

Le *chevalet à scier* est le même que celui qui sert à scier le bois à brûler et que tout le monde connaît, il sert ordinairement à scier les longueurs de bois qui ne sont pas comprises dans les entailles de la chevrette, ainsi que les bois que l'on trace d'avance.

Fig. 2.

3° *Fourche à fendre.* (fig. 3.)

La *fourche à fendre* se compose d'une fourche naturelle prise dans un chêne. Il faut autant que possible que les deux branches de la fourche soient droites et d'environ de $0^m,25$ à $0^m,30$ de tour. Chaque tige doit avoir 2^m de long et l'ouverture de l'angle entre les deux tiges, doit être de $0^m,50$ à $0^m,70$. Au sommet de l'angle de la fourche on percera le bois pour recevoir un pied A de 1^m de haut, puis on placera une tige en bois C, qui, partant de terre, passera en dessous de la tige de face D, en la maintenant à la même hauteur que le pied A et en dessus de l'autre tige E qui doit avoir $0^m,15$ de hauteur de plus que la tige D. Un autre pied B est placé sur le derrière de la fourche; les branches D, E, de la fourche et les deux tiges B, C, sont liées solidement ensemble soit au moyen de fort fil de fer, soit au moyen d'arrhes en bois. La fourche à fendre sert avec le coutre pour ouvrir les pieux trop gros, les échalas, les lattes, et les bardeaux.

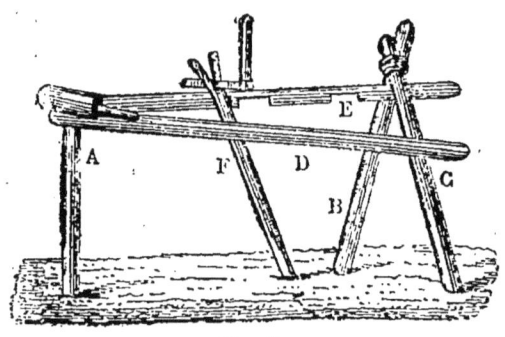

Fig. 3.

Ces pièces de bois sont représentées par la lettre F dans la fig. 3.

4° *Coutre.* (fig. 4 et 5.)

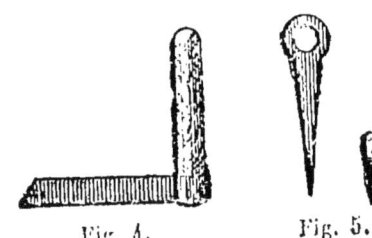

Fig. 4.   Fig. 5.

Le *coutre* se compose d'une lame d'acier épaisse sur le dos de $0^m,008$, affilée sur la coupe. Sa longueur varie suivant la grosseur des bois à fendre ; une des extrémités du coutre est terminée par un

ATELIER ET OUTILLAGE.   7

œil pour recevoir un manège et l'autre par une coupe biaise arrondie sur champ. Le manche devra être en bon bois ; sa grosseur variera suivant l'œil, et sa longueur suivant la longueur de la lame ; le coutre ordinaire a 0^m,20 de lame et 0^m,30 de manche. Le coutre sert pour la fente à la fourche. On emploie aussi quelquefois pour ce travail des coins ordinaires (fig. 5).

5° *Mailloche*. (fig. 6.)

La *mailloche* est taillée dans un morceau de bois très dur d'environ 0^m,10 de diamètre et 0^m,40 de hauteur. Pour fabriquer cet outil, il suffit de donner un coup de scie circulaire en laissant 0^m,20 pour la tête de la mailloche et 0^m,20 pour le manche, on abat le bois inutile en conservant la grosseur du manche, que l'on arrondit et que l'on unit bien, ainsi que la tête de la mailloche. La mailloche dans la fente sert à frapper sur le dos de la lame du coutre pour ouvrir le bois.

Fig. 6.

6° *Cheval à fabriquer*. (fig. 7.)

Le *cheval à fabriquer* se compose d'un fort morceau de bois d'environ 3^m,50 de longueur, reposant à terre par l'une de ses extrémités et par l'autre sur une sorte de chevalet vertical, élevé d'environ 0^m,90 suivant la taille de l'ouvrier. Sur la traverse horizontale placée au bas du chevalet, on pose deux morceaux de bois qui viennent se rattacher par un fort lien à la portion du cheval fichée à terre. Ces pièces servent à porter de lourdes pierres, destinées à assurer la fixité de tout le système.

Dans la vallée de Montmorency, le cheval à fabriquer est fixé à terre au moyen de deux forts cinquantins, qui entrelacent le pied et permettent de le fixer à terre à l'aide de pointes ménagées dans chaque cinquantin.

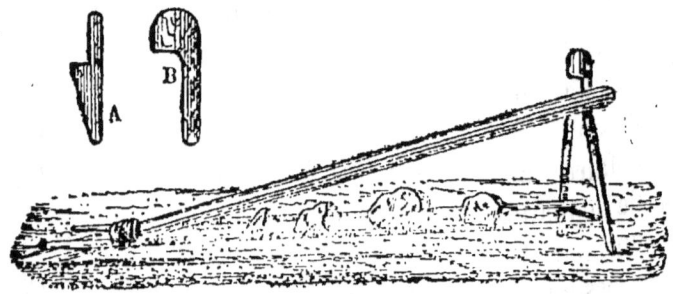

Fig. 7.

L'extrémité du cheval qui repose sur le chevalet, le dépasse d'environ 0^m,20. On perce dans cette partie, un peu sur la droite en faisant face au chevalet pour recevoir le manche d'une pièce dite mâchoire figurée en B. Elle est formée d'un morceau de bois noueux, dur, travaillé de la même façon que la mailloche, de 0^m,15 de diamètre sur 0^m,30 de longueur, dont le manche carré au lieu d'être placé au milieu de la tête, est en prolongement d'une des faces. Ce manche s'introduit à la façon d'un tenon dans le trou pratiqué sur le cheval, la mâchoire étant placée à la gauche du manche. A 0m,10 environ de l'extrémité du cheval, et toujours sur le côté droit, on perce un trou pour y placer une cheville saillante de 0m,20, dite *cheville de fente*. Au-dessus et au milieu, on en dispose une semblable dite *cheville de devers*, elle sert à maintenir le bois pendant le planage. Enfin un coin en bois figuré en A sert à maintenir le bois sur la mâchoire. Le cheval à fabriquer sert à fendre à la serpe toute espèce de bois ; il sert aussi à planer les cercles et treillages.

7° Serpe à fendre. (fig. 8.)

La *serpe à fendre* est composée d'une lame d'acier de 0m,25 de largeur sur 0m,007 d'épaisseur. Elle développe environ 0m,35 à partir du manche à son extrémité. Elle a en outre un tourillon qui pénètre dans le manche. Cette lame est pliée sur champ, elle forme un angle droit arrondi à son sommet. Le tranchant de la lame se trouve dans l'angle même. Le sommet de l'angle est distant du tourillon de 0m,20 et de 0m,15 du retour. Le manche est en bois dur, d'environ 0m,18 de long, une forte virolle maintient étroitement liés le manche et le tourillon. Cette serpe sert à la fente au cheval à fabriquer. Pour ouvrir les morceaux de bois qui seraient trop gros pour la serpe et le coutre,

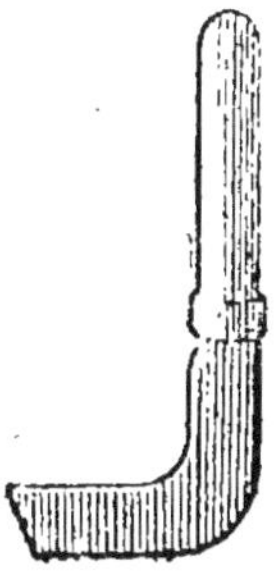

Fig. 8.

10 ATELIER ET OUTILLAGE.

on se sert de *ciseaux* et de *coins en fer* (fig. 9, 10, 11), sur la tête desquels on frappe fortement.

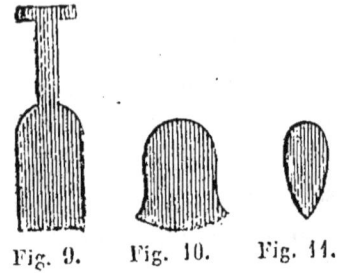

Fig. 9.   Fig. 10.   Fig. 11.

8° *Plane.* (fig. 12.)

La *plane* est composée d'une lame d'acier d'environ 0^m,40 de long sur 0^m,06 de large et 0^m,005 d'épaisseur. Elle est légèrement cintrée sur son champ et un peu moins sur son plat. Elle est terminée à ses deux extrémités par deux tourillons, formant angle droit avec la lame, recourbés du côté du taillant et emmanchés dans des poignées de bois.

Fig. 12.

Le dos de la plane est formé d'une planche d'acier fondu et la face est terminée par un bizeau en affilure. Les deux poignées sont en bois très dur; les tourillons sont rivés à l'extrémité de chacune d'elles à l'aide d'une virole. La trempe de la plane ne devra pas être trop sèche afin que le travail n'égraine pas le taillant. Un outil se graine lorsque le fil de la lame s'ébrèche par le travail. Cet outil sert à planer les bois dans leur fabrication ou dans leur préparation pour le montage.

9° *Pelureuse.* (fig. 13.)

Cet outil se compose d'une lame d'acier de $0^m,35$ de longueur sur $0^m,08$ de largeur et $0^m,003$ d'épaisseur, terminée aux deux extrémités par deux tourillons qui pénètrent dans les poignées. La lame est légèrement cintrée sur champ. L'affilure se

Fig. 13.

trouve dans la partie concave. Les tourillons forment un angle obtu. A leur extrémité, du côté de la partie concave, leur longueur est d'environ $0^m,10$; leur agencement est le même que pour la plane. Cet outil sert à écorcer tous les bois.

10° *Garde-Côte.* fig. 14.

Le *garde-côte* est composé de six ou sept côtes en bois, formées chacune de deux pièces articulées au moyen d'une lanière en cuir. Les deux pièces forment une côte dont les entailles sont placées vis-à-vis l'une de l'autre. Chaque côte a environ $0^m,33$ de longueur, dont $0^m,18$ à la partie supérieure, et

0m,15 à la partie inférieure. Chaque côte est formée d'une lame de bois dur de 0m,05 de largeur sur 0m,01 d'épaisseur. Le bois est arrondi légèrement sur la face. Une entaille sur champ à demi-bois réunit les deux parties de chaque côte. Un trou sur le champ au milieu de l'assemblage, reçoit la lanière de cuir dont nous avons parlé plus haut. Dans la partie supérieure de chaque côte, et également sur champ, on perce un trou à environ 0m,03 de l'extrémité pour recevoir une deuxième lanière de cuir, destinée à maintenir assemblé le garde-côte. Ces deux lanières de cuir doivent être assez

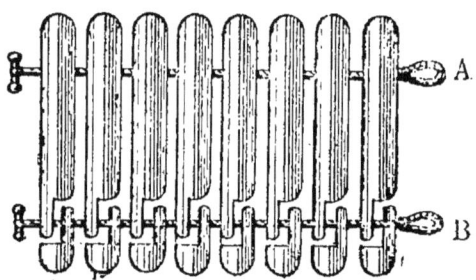

Fig. 14.

longues pour embrasser l'ouvrier. A une des extrémités des lanières est placée une petite cheville de bois qui tient lieu de bouton. L'autre extrémité est terminée par une boucle formant boutonnière.

La lanière de la partie supérieure A se place sur l'épaule gauche, de manière que le garde-côte se trouve pendant le travail de l'ouvrier légèrement sous son bras droit.

La lanière inférieure B entoure sa taille.

Quelques ouvriers se servent d'une espèce de

garde-côte, formé d'un plastron en cuir sur lequel on fixe des côtes. Cet outil a le désavantage de n'être pas articulé, et, par conséquent d'être dangereux, impuissant qu'il est à parer les coups de plane, qui sont dirigés sur la hanche.

Le garde-côte sert à garantir des coups de plane qu'on est en danger de recevoir lorsqu'on plane le bois à son extrémité.

11° *Fourche à lier le bois en bottes.* (Fig. 15.)

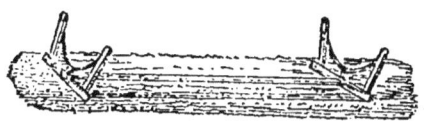

Fig. 15.

Les *fourches à lier* sont subordonnées quant à la grandeur, au genre de bois à botteler pour lequel on les emploie. Quant à la manière de les fabriquer, elle est toujours la même. Voici le procédé en usage :

On prend un morceau de bois rond de $0^m,40$ de longueur sur $0^m,10$ de diamètre, et on le fend en deux parties égales. On pose les deux morceaux sur leur fente commune et dont chacun d'eux a environ $0^m,50$ des extrémités, on perce deux trous traversant le morceau de bois et dirigés de l'extrémité vers le milieu. On prépare ensuite quatre morceaux de bois rond de $0^m,30$ de longueur sur $0^m,04$ de diamètre; on affile [à la plane une de leurs extrémités suivant l'ouverture des trous percés, on les enfonce à force dans les trous et l'on fiche des clous tenant lieu de chevilles. Puis on prend deux demi-cercles pour les clouer au milieu des deux morceaux fendus, on appuie leurs extrémités sur les montants de façon à former une demi-circonférence destinée par sa forme à recevoir les bottes de bois. Ces deux fourches à botteler sont reliées entre elles au moyen d'un morceau de bois bien droit qui passe dans des trous percés sur le côté des fourches, de façon à les approcher ou à les éloigner suivant la longueur des bois à botteler.

Cet outil sert à botteler les bois qu'on fabrique ou qu'on prépare. Sa forme varie suivant la grosseur des bottes.

12° *Garrot* (fig. 16.)

Le *garrot* est composé de deux morceaux de bois rond d'environ 0^m,60 de longueur et 0^m,04 de diamètre. Chaque morceau est aminci à une de ses extrémités, l'autre extrémité formant manche. Chaque tige est percée au centre d'un trou perpendiculaire à sa face amincie. Une forte corde ou un arche de bois bien souple passe dans les trous de façon à ce que les parties amincies se regardent. La longueur de la corde ou de l'arche est subordonnée à la grosseur des bottes. A chacun des bouts de la corde on fait une boucle dans laquelle on place solidement une cheville en bois.

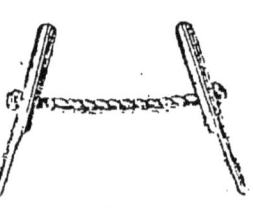
Fig. 16.

destinée à opposer une certaine résistance lorsqu'on bottelle.

Cet outil est indispensable pour bien serrer les bottes avant de passer le lien.

13° *Moule à cercle*. (fig. 17.)

Le *moule à cercle* est fabriqué de la façon suivante : On fait un panneau en fortes planches formant un carré de 1^m,20 de côté. Au milieu du panneau on ménage une ouverture ronde pour livrer passage à l'ouvrier. Les planches réunies et formant ce panneau sont maintenues par de fortes traverses clouées solidement. Toutes les circonfé-

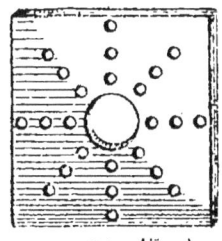

Fig. 17.

rences des *cercles* du commerce sont tracées sur le moule. Sur ces circonférences on perce des trous qui servent à placer des chevilles lorsqu'on ploie des cercles. Pour faire usage de l'outil, on enfonce en terre 4 morceaux de bois rond de 0^m,05 de diamètre qui doivent sortir de terre de 0^m,70. On cloue les quatre angles du moule sur ces pieds. Les chevilles doivent avoir 0^m,25 de longueur. Les trous sont espacés d'environ 0^m,15. Cet outil sert à faire les *moules* des cercles.

14° *Billard*. (fig. 18.)

Pour construire le billard, on prend un morceau de bois de 0^m,50 de longueur et de 0^m,08 d'épais-

ATELIER ET OUTILLAGE.

seur; on le taille à la plane, suivant deux surfaces parallèles, laissant entre elles un espace de 0m,04 ; enfin on débite l'une de ses extrémités pour faire le manche, qui doit avoir 0m,15 de longueur. Au milieu d'un des côtés plats, on fait une entaille cintrée, qui reçoit *le champ* des cercles à plier. Cet outil sert à *matiner* le bois, qui offre de la résistance, de manière à le ployer en rond.

Fig. 18.

B. Outils de montage et de pose.

Les outils de montage et de pose sont :
Le *chevalet à planer*;
La *plane*;
Le *dressoir*;
La *serpe à dresser*;
La *tenaille à coudre*;
La *scie à main* dite *violon*;
La *scie à main* dite *poignard*;
L'*avant-pieu* ou *pieu de fer*;
La *masse à enfoncer les pieux*;
La *cognée*;
Le *billot en bois*;
La *pioche*;
Le *marteau de treillageur*;
Le *compas*;
Le *plomb*;
Le *cordeau*;

ATELIER ET OUTILLAGE.   17

Le *tourniquet*;
Le *mandrin*;
Le *trusquin* ou *compas à verge*;
Les *crochets d'épure*.

1° *Chevalet à planer.* (fig. 19 et 20.)

Le *chevalet à planer* est l'outil le plus utile du métier. Il importe beaucoup qu'il soit solide et bien fait, tout en évitant pour sa construction l'emploi de bois lourd qui en rendrait le transport difficile.

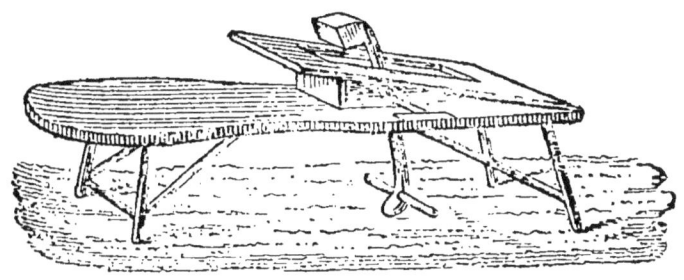

Fig. 19.

Voici les pièces dont se compose un chevalet,

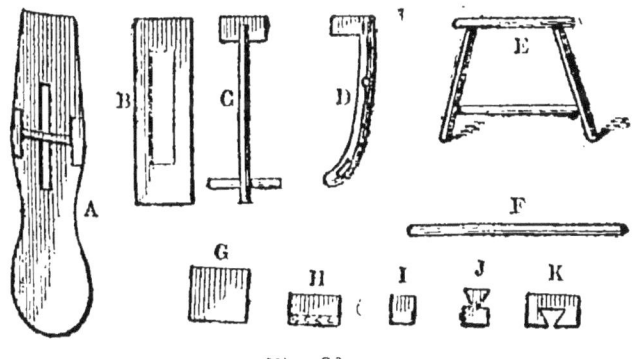

Fig. 20.

représentées en détail fig. 20 : le banc A, la planche de soutien G, la planche d'appui B, la presse C D, les pieds E, et les arcs-boutants F. Le banc du chevalet doit être en sapin de 0^m,027 d'épaisseur et coupé suivant la forme indiquée en A dans la figure 20. Les côtés sont arrondis sur champ, pour en faciliter le maniement. L'entaille, ménagée dans la planche, sert à passer le montant de la presse. Deux coussinets, qui sont posés au milieu de l'entaille, servent à placer une clef en fer, qui traverse le montant de la presse. La planche de soutien G s'assemble par entailles et clous au banc A, et à la planche d'appui B. Cette planche est en sapin de 0^m,027 d'épaisseur, et de 0^m,15 de hauteur. Sa largeur est celle du banc A. La planche d'appui B est de même bois. Elle reçoit une entaille, pour passer le montant de la presse ; elle est amincie en sifflet à une de ses extrémités, et vient s'assembler dans une entaille faite dans le banc A, et à environ 0^m,10.

Ces deux planches doivent être clouées solidement au banc. Les deux pieds E s'assemblent par *trous et tourillons*.

La traverse du haut des pieds est en sapin de 0^m,034 d'épaisseur, sur 0^m,06 de largeur. Elle doit être aussi longue que la largeur du banc. Les montants des pieds qui sont assemblés, comme il est dit ci-dessus, sont en bois rond. Les deux trous de la traverse sont percés de façon que les pieds s'écartent du banc. La hauteur du pied est de 0^m,50, et la traverse du bas se place à environ

ATELIER ET OUTILLAGE.

$0^m,10$ de l'extrémité des pieds. Ceux-ci sont attachés solidement au banc, à l'aide de forts clous, et à environ $0^m,10$ de chacune des extrémités. Quatre arcs-boutants sont cloués sur les côtés du banc ; ils servent à le relier aux pieds. Dans l'entaille pratiquée dans le banc A et dans la planche d'appui B, on passe la presse C D. Cette presse est composée de trois pièces : la *tête* ou *mâchoire* H en bois dur ; elle a $0^m,10$ de largeur, sur $0^m,20$ de longueur, et $0^m,08$ d'épaisseur. Le *montant* D s'assemble en queue d'aronde sur la face I de la tête, et dans son épaisseur. Une forte vis à bois relie l'assemblage. Ce montant est en bois dur de $0^m,08$ de largeur, sur $0^m,05$ d'épaisseur. Il est cintré dans sa partie basse ; la partie concave du cintre se trouve du côté de la mâchoire H. Au milieu, le montant est percé d'un trou destiné à recevoir la clef en fer, qui, posée sur le coussinet, donne de la mobilité à la presse.

À l'extrémité du montant, et à environ $0^m,10$, est percée une mortaise, qui reçoit une clef en bois sur laquelle reposent les pieds, lorsqu'on fait manœuvrer la presse.

Cet outil sert au replanage des treillages, et à diverses préparations de bois.

2° Plane.

La *Plane* pour monter le treillage est la même que celle dont on se sert dans la fabrication. Elle est représentée par la figure 12, page 10.

3° *Dressoir.* (fig. 21 et 22.)

Le *Dressoir* se compose d'une pièce de bois de 2ᵐ,50 environ de longueur, sur 0ᵐ,08 d'épaisseur, reposant d'une part à terre, et de l'autre, sur un pied. L'extrémité qui pose à terre est cintrée, et la partie convexe se trouve en dessus. Cette pièce porte le nom de *corps du dressoir*. Le pied est composé de deux montants de bois de 0ᵐ,05 d'épaisseur, sur 0ᵐ,08 de largeur. Ces montants sont maintenus par une traverse basse, laissant entre chaque pied 0ᵐ,40 d'écartement.

Fig. 21.

La partie supérieure est entaillée de façon à recevoir le corps du dressoir, et tous deux sont assemblés par de forts clous. Le corps du dressoir doit dépasser le pied de 0ᵐ,20. Deux petites traverses sont clouées sur le pied à une hauteur de 0ᵐ,70, pour servir de gaîne à la serpe à dresser. Deux arcs-boutants sont cloués sur le pied et sur le corps du dressoir pour le consolider.

Sur le corps du dressoir, et pour compléter l'appareil, se disposent deux pièces. L'une dite *tête du dressoir* est formée d'une tige de fer carré de

$0^m,02/0^m,02$, recourbée à son extrémité supérieure à angle légèrement aigu sur elle-même, sur une longueur de $0^m,10$. L'extrémité inférieure est filetée suivant un pas de vis sur lequel s'engrène un écrou. Le détail A, fig. 22, indique cette pièce.

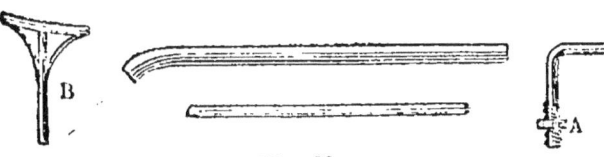

Fig. 22.

Elle se place sur le corps du dressoir à sa partie supérieure, dans un trou fait à environ $0^m,15$ de l'extrémité et à $0^m,01$ de l'arête de droite. La tige de la tête doit entrer à force dans ce trou, et au moyen de l'écrou on peut la lever ou l'abaisser à volonté, suivant les bois à travailler.

A la partie inférieure du corps du dressoir, on enfonce dans un trou disposé à cet effet une autre pièce représentée en B, ayant la forme d'un T dont la hanche horizontale est consolidée à l'aide de deux arcs-boutants qui la relient à la branche verticale. La première présente $0^m,60$ de hauteur, et $0^m,40$ de largeur pour la hanche horizontale. Il sert à maintenir les treillages d'une longueur de 2 à 3^m inclusivement, pendant l'opération du dressage.

4° *Serpe à dresser.* (fig. 23 et 24.)

Il existe différents modes de fabrication de la serpe à dresser. Cet outil a environ $0^m,30$ de longueur totale. La lame est en acier forgé, et porte une douille aplatie qui reçoit le manche. Il est impossible d'indiquer d'une façon précise la forme et le poids de cet outil. Le caprice de l'ouvrier et le but auquel il destine la serpe, en déterminent la construction.

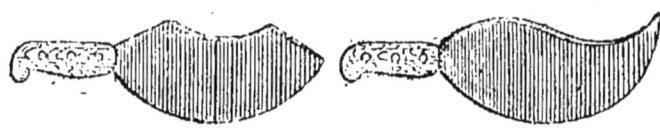

Fig. 23.   Fig. 24.

La serpe à dresser, dont les figures 23 et 24 représentent deux modèles, sert à la préparation des bois.

5° *Tenaille à coudre.* (fig. 25.)

La *tenaille à coudre* est composée de trois pièces : les *deux côtés* B, et le *pivot* A. La mâchoire est formée par les deux pinces de la tenaille. Celle-ci est chargée d'acier dans sa partie arrondie. Au bas de la mâchoire est percé un trou qu'on nomme *œil*. Les deux tiges, formant la partie inférieure, portent le nom de *branches*. Le plat de chacune de ces branches est arrondi d'une manière parfaite, pour ne pas blesser la main de l'ouvrier. Un *pivot* A, bien ajusté et rivé aux deux côtés, est passé dans les deux *œils*, et réunit

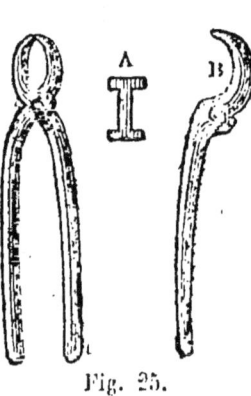

Fig. 25.

étroitement les deux pièces, tout en laissant entre elles un espace appelé *jeu*. Les dimensions ordinaires de cet outil sont : 1° pour les travaux grossiers tels que clôtures, espaliers, etc., de 0m,25 de longueur de branches et pour les autres travaux de 0m,20.

Nous ajouterons que, pour conserver en bon état les tenailles à *coudre*, il ne faut s'en servir que pour ce travail.

6° *Scie à main* dite *Violon*. (fig. 26.)

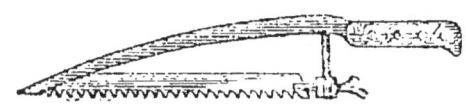

Fig. 26

Le *Violon* est composé de deux pièces distinctes : l'*archet*, et la *lame*. L'archet est en fer forgé; la branche supérieure est légèrement recourbée d'un côté, et se termine de l'autre côté en douille, pour recevoir le manche. A la naissance de la douille est soudée une tige en fer, qui forme angle droit avec la branche supérieure. L'extrémité de cette tige forme un œil *renforcé*, qui reçoit la vis de tension et son écrou.

A l'extrémité cintrée de la branche supérieure se trouve une entaille, pratiquée dans le champ du fer, (cette entaille, qui ne doit avoir que l'épaisseur de la lame de scie, est faite à l'aide de la scie à métaux) et percée d'un trou. Cette entaille, ainsi qu'une semblable pratiquée dans la vis de tension, sert à recevoir la lame percée elle-même de trous correspondant avec ceux de la branche et de la vis. Deux pivots rivés fixent la lame à l'archet et à la vis. Celle-ci sert à tendre la lame. La lame du violon a la même denture que celle de la scie à araser décrite dans le *Manuel du Menuisier de l'Encyclopédie Roret*. Cet outil sert pour les coupes diverses.

7° *Scie à main* dite *poignard*. (fig. 27.)

Fig. 27.

Le *poignard* se compose de deux pièces : le *fût* et la *lame*.

Le fût est une branche de fer, composée de deux baguettes demi-rondes, relevées légèrement à la partie qui forme le manche. Quatre trous pour le fût, et deux pour le manche, sont percés dans les deux branches, et bien en face l'un de l'autre. Les trous du manche sont garnis de rivets, placés solidement. Les trous du fût sont taraudés pour recevoir des vis à métaux. La lame est la même que celle du violon; la longueur est facultative, elle est subordonnée aux dimensions du fût. Cet outil est destiné au même usage que le précédent.

8° *Scies diverses.*

Le treillageur se sert encore de diverses scies qui sont : la *scie allemande*, la *scie à chantourner*, la *scie à tenon*, et la *scie à araser*. Leur description se trouve dans le *Manuel du Menuisier*. Nous croyons inutile de parler de la *scie à bûche*, universellement employée.

9° *Pieu de fer ou avant-pieu.* (fig. 28.)

L'*avant-pieu* est en fer rond de 0ᵐ,003 de diamètre. Une de ses extrémités est terminée par une tête arrondie et refoulée. La partie basse est

Fig. 28.

chargée à 0ᵐ,25, en forme de cône, dont le sommet est l'extrémité basse de l'avant-pieu.

Cet outil sert à pratiquer des ouvertures dans la terre pour y planter des pieux.

10° *Masse.* (fig. 29.)

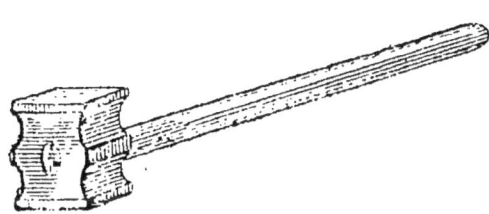

Fig. 29.

La *masse en fer* doit peser en moyenne 6 kilos. Les têtes de la masse, c'est-à-dire, les parties qui frappent le pieu, doivent être légèrement bombées. Elles forment un carré d'environ 0ᵐ,10 de côté.

26 ATELIER ET OUTILLAGE.

La hauteur de la masse est d'environ 0m,13; elle est percée au milieu d'un œil assez grand pour recevoir un fort manche. Le manche de la masse a environ 1m de long, et doit être solidement fixé à la masse.

Il ne doit pas être tout à fait rond, afin d'en faciliter le maniement, et de ne pas fatiguer la main.

Cet outil sert à frapper la tête des pieux, pour les enfoncer en terre.

11° *Cognée ou hache.* (fig. 30.)

La *cognée* du treillageur est la même que celle du charpentier, dont la description se trouve dans le *Manuel du Charpentier*, 2 vol. et Atlas, publiés dans l'*Encyplopédie-Roret*.

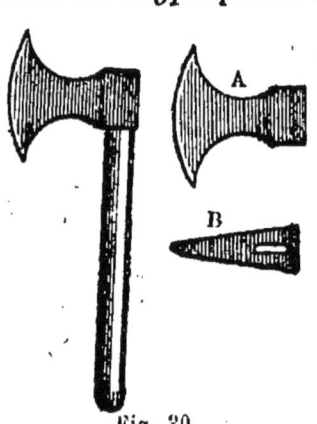

Fig. 30.

Elle est cependant moins grande et moins lourde, puisqu'elle se manie d'une main. Les taillandiers la nomment *hacheron*. Elle a ordinairement 0m,15 de la tête A au tranchant B, et doit être forgée sans que le tranchant soit bizauté, de façon qu'on puisse la manier indifféremment de la main droite ou de la main gauche. Le manche doit avoir la même forme que celui de la masse, et 0m,60 de longueur. Cet outil sert à faire la pointe des pieux, à enlever les nœuds, etc.

ATELIER ET OUTILLAGE. 27

12° *Pioche*. (fig. 31.)

La *pioche* du treillageur, est d'un usage très fréquent; elle doit être plus petite que celle des terrassiers. Elle a deux taillants qui sont perpendiculaires entre eux.

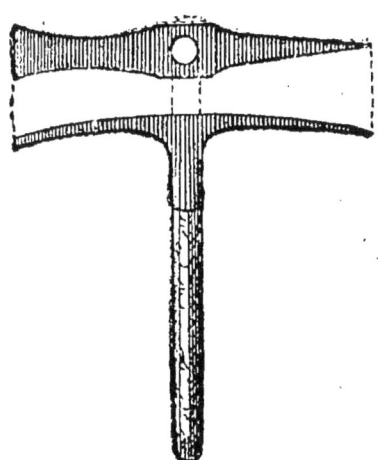

Fig. 31.

13° *Billot en bois*. (fig. 32.)

Le *Billot en bois* est ordinairement une culée d'arbre, d'un bois très dur. Cette culée a environ 0^m,40 de hauteur; elle est façonnée, afin d'être plus maniable. Le billot sert à pointer les pieux, et à enlever les nœuds.

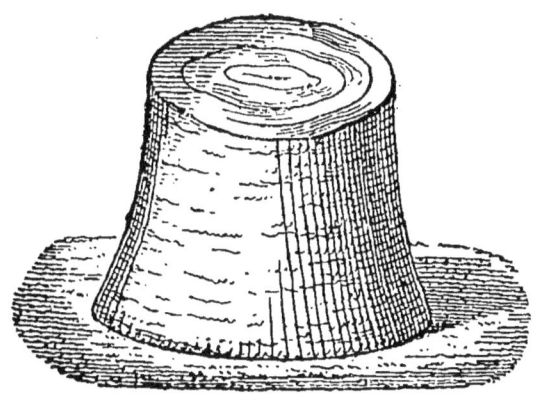

Fig. 32.

Nous recommandons de tenir dans un état de propreté constante la partie du billot qui reçoit le coup du taillant de l'outil, afin de ne pas ébrécher ce taillant.

14° *Marteau de treillageur.* (fig. 33.)

Le *marteau* doit avoir une panne allongée et presque coupante. La tête doit avoir sur le plat qui donne le coup 0^m,018 de côté; les quarts de cette tête sont chanfreinés. Le manche doit avoir environ 0^m,35 de longueur, afin d'avoir une plus longue portée. Les dispositions prises pour la forme de ce marteau, sont commandées par les nécessités du métier : la panne pour enlever les clous mal enfoncés, et la tête, pour ne pas meurtrir le bois lorsqu'un coup porte à faux.

Fig. 33.

15° *Compas.* (fig. 34.)

Le compas du treillageur est en fer. Les branches bien pointues doivent avoir au moins 0^m,20 de longueur. Il est indispensable qu'il soit très juste, et que l'ouverture de l'angle, formée par les deux branches, ne varie pas pendant l'opération.

Fig. 34.

ATELIER ET OUTILLAGE. 29

16° *Plomb*. (fig. 35.)

Le *plomb* est composé de deux pièces : le *poids* et le *chas*.

Le poids A a la forme d'un cône tronqué droit ; sa base a environ 0^m,05 de diamètre, son sommet 0^m,035, sa hauteur 0^m,06.

Un trou passant par son centre, le traverse dans toute sa longueur, et donne passage au fil.

Le chas C est une plaque de fer, de 0^m,005 d'épaisseur ; elle est carrée. Ses côtés ont la même mesure que le diamètre de la base du poids A. Un trou pratiqué en son milieu communique avec celui du poids. On passe le fouet dans le poids et le chas, et on l'arrête par un nœud fait au fouet, sous la base du poids. Le fouet du plomb doit être en septin assez fort, et être assez long pour servir de cordeau au besoin.

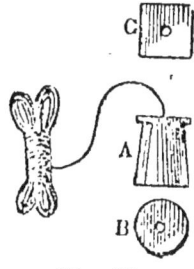

Fig. 35.

Pour mettre un objet d'aplomb, on appuie un des côtés du chas C qu'on maintient dans la position horizontale, contre la partie supérieure de l'objet. On fait descendre le poids au bas de cet objet, qui sera d'aplomb, lorsque la partie basse du poids touchera cet objet.

17° *Cordeau*.

Le cordeau est une certaine longueur de fouet

2.

qu'on teint au blanc de Meudon, ou à l'ocre rouge. Il sert à *battre* les traits d'une épure.

Pour se servir du cordeau, lorsqu'il est frotté de blanc ou de rouge, voici la marche qu'on doit suivre : placer une de ses extrémités sur un des deux points à joindre par une ligne ; faire passer le cordeau par l'autre point, tendre bien le fouet, et battre, en le soulevant de la main droite, et en l'abandonnant à lui-même.

18° *Tourniquet*. (fig. 36 à 39.)

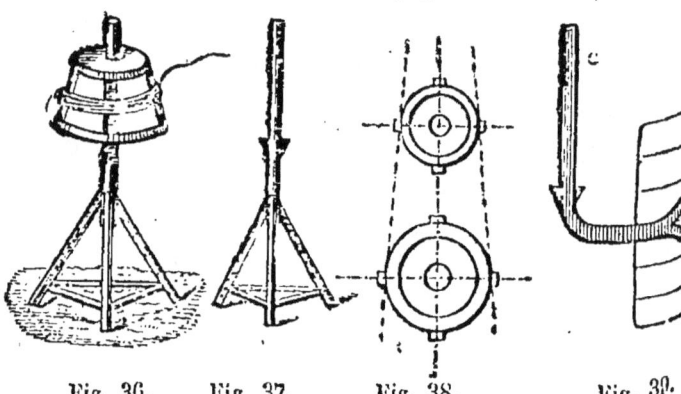

Fig. 36.   Fig. 37.   Fig. 38.   Fig. 39.

Le *Tourniquet* est un outil composé de deux pièces : le *pied* et le *rouet*.

Le pied, fig. 37, est formé d'un rondin en bois, de 0^m,05 de diamètre bien droit, et bien plané. Il a 1^m de longueur. Trois pieds du même bois sont ajustés et cloués solidement ; ils sont reliés entre eux par trois traverses, qui sont ajustées et clouées à environ 0^m,06 au bas des pieds. Un tasseau est cloué au haut des pieds pour recevoir l'extrémité basse du rouet.

Le rouet, fig. 38, est composé de deux planches découpées en forme de circonférence, l'une de 0m,50 de diamètre, l'autre de 0m,30. Elles sont percées chacune d'un trou central qui traverse le bois. Ces trous sont destinés à recevoir le pied.

Les planches sont reliées entre elles par quatre montants en bois de 0m,034 d'épaisseur, sur 0m,50 de longueur. Le rouet a la forme d'un cône tronqué droit. On le place de façon que le montant pénètre dans les trous, la base du cône venant reposer sur le tasseau mentionné ci-dessus. Quelquefois, le pied est en fer, et scellé dans un mur, comme l'indique la figure 39.

Cet outil sert à placer sur le rouet la meule de fils de fer, à l'empêcher de se mêler, et enfin, permet de l'employer sans perte. Quelquefois, on développe une certaine quantité de fils de fer, qu'on attache solidement par une de ses extrémités, et qu'on allonge en tirant fortement (l'action d'allonger le fil le rend souple, et plus maniable). On enroule ensuite le fil autour du rouet.

19° *Mandrins pour faire les ronds.* (fig. 40.)

Les *mandrins* employés pour fabriquer les ronds sont subordonnés quant à la grosseur, à la grandeur des ronds qu'on fabrique.

Le mandrin, bien que d'un seul morceau, est composé de trois parties : *le manche, le corps et le moule.*

Étant donné un mandrin, pour fabriquer des ronds de 0m,10 de diamètre, on prend un morceau de bois de 0m,02 de diamètre bien rond, on fait un manche de 0m,15 de long au milieu du morceau de bois. Ce manche est destiné à s'emboîter dans la presse de l'établi pour maintenir le mandrin dans une position verticale. Le corps a 0m,10 de long ; le moule proprement dit a 0m,15 de longueur, et se termine au corps du mandrin par une feuillure circulaire. Le moule doit être bien rond, et avoir 0m,10 de diamètre. On trace deux traits exactement perpendiculaires passant au centre du cercle du moule, on fait une rainure à chaque extrémité des lignes, qui soit perpendiculaire à chaque ligne avec laquelle elle correspond. Ces rainures doivent avoir 0m,01 de large et 0m,02 de profondeur ; elles servent à recevoir les clous des ronds, de façon que les clous n'empêchent pas de retirer les ronds du mandrin.

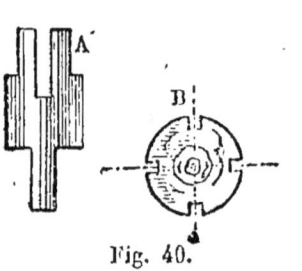

Fig. 40.

Comme cet outil est simple et peu coûteux, il est bon d'avoir un mandrin de la grosseur de chaque rond.

20° *Compas trusquin.* (fig. 41.)

Le *compas trusquin* est un outil d'une grande utilité dans les tracés de treillages. Il se compose de trois pièces : la *règle*, la *pointe fixe*, et la *pointe mobile*.

La règle doit être très droite et bien corroyée ; elle est carrée et a 0^m,02 de côté. Les extrémités ont la forme de toupies allongées de bois très dur, et armées d'une pointe en acier bien affilée, tenant solidement au bois. L'une d'elles a une mortaise carrée de 0^m,02 de côté, et de 0^m,04 de profondeur. Elle reçoit une extrémité de la règle, et forme avec elle un assemblage qu'on colle fortement.

Fig. 41.

L'autre est également armée d'une mortaise, percée de façon à permettre à la toupie d'aller et de venir le long de la règle ; celle-ci doit passer aisément à travers la mortaise à laquelle il faut cependant éviter de donner une largeur trop grande. La pointe de cette toupie porte une clef, qui passe dans une mortaise, perpendiculaire à la première. Cette clef sert à maintenir la pointe mobile et la règle étroitement unies, permet en outre au compas de conserver l'ouverture donnée.

Cet outil sert à tracer tous les cintres d'une dimension trop grande pour les compas ordinaires.

21° Crochets d'épures. (fig. 42.)

Le *crochet d'épures* est de fer rond de 0^m,005 de diamètre ; développé, il a une largeur de 0^m,20. Il est recourbé à une de

Fig. 42.

ses extrémités à angle droit, formant un crochet de 0m,05, dont la tête est arrondie à la lime. L'autre extrémité est affilée et se termine en pointe.

C. Outils de menuiserie.

Les autres outils, en usage dans le treillage sont des outils de menuiserie qui sont décrits dans le *Manuel du Menuisier*. Tels sont : l'*établi du menuisier*, la *verlope*, la *demi verlope*, le *rabot*, le *guillaume équerre*, les *règles*, le *niveau*, la *fausse équerre*, le *bédane*, les *ciseaux*, les *botvels de deux pièces*, les *gouges*, les *râpes*, le *maillet*, le *valet*, etc.

Ces outils ne sont employés dans le treillage que, quand le treillageur a des assemblages à faire. Généralement, ce sont des ouvriers spéciaux, qui font les travaux de menuiserie appliqués au treillage.

En remontant jusqu'aux origines de l'art du treillage, on trouve qu'une grande partie du travail du treillageur consistait à faire de la menuiserie. Cela semble d'autant plus naturel que les premiers treillageurs étaient des menuisiers : aussi tous les travaux d'ornements qu'ils exécutaient avaient-ils des traits de ressemblance frappante avec des travaux de menuiserie. Depuis quinze ans environ, le treillage a subi de nombreux changements. Les ouvriers ont créé un outillage nouveau, en conformité avec les besoins du travail. Ils ont employé de préférence aux autres bois, le bois de fente, qui supporte mieux les intempéries des saisons. Aujourd'hui, le treillageur marie avec modération la menuiserie treillage. De menuisier des jardins qu'il était, le treillageur est devenu artiste. Laissant la menuiserie à son titulaire naturel, il travaille à généraliser l'emploi des treillages, en appliquant cet art aussi bien à la palissade la plus simple qu'à la construction de monument en treillage très harmonieusement et très difficilement élevé.

Nous ajouterons que l'emploi de la serrurerie introduite dans les jardins a été une des causes des modifications apportées dans l'art du treillage. Les serres chaudes de couches, les étagères à fleurs qui se faisaient en bois étaient fabriquées autrefois par les treillageurs et les menuisiers de jardins, aujourd'hui ces différents travaux sont exécutés par les serruriers. Le treillageur faisait également les brouettes de jardins, les échelles, la civière à fumier, les gouttières en bois pour mener l'eau aux tonneaux, des appareils à monter l'eau, etc.

Il n'y avait pas autrefois de treillage proprement dit. La palissade en frisage ou en lattes, l'espalier en échalas, les berceaux étaient plutôt du domaine de la menuiserie que celui du treillage. Il en est de même du treillage d'ornement qui aurait été plus justement nommé *Menuiserie artistique*, et *Fabrication des Meubles de jardin*.

Aujourd'hui, on fait six genres de palissades ou clôtures, et chaque genre varie à l'infini. Les treillages à mailles, losanges et rectangulaires varient également. On ne fait usage de la menuiserie dans la construction des berceaux et des monuments en treillages que dans des cas indispensables.

Le treillage est devenu un art assez difficile quand on veut l'apprendre à fond. Les amateurs pourront cependant, lorsque le bois leur sera livré tout préparé, faire presque tous les treillages décrits dans ce manuel s'ils ont soin, avant de se mettre à l'ouvrage d'étudier dans ce traité le travail qu'ils voudront faire.

Les petits propriétaires pourront ainsi orner leurs propriétés sans avoir recours aux treillageurs.

L'outillage des amateurs consiste simplement en une *tenaille à coudre*, une *scie à main*, un *chevalet à planer*, et une *plane*.

CHAPITRE II

FABRICATION ET PRÉPARATION DES BOIS DE FENTE ET DE SCIAGE. — MARCHANDISES DIVERSES.

Dans ce chapitre, nous allons parler de toutes les marchandises employées, dans la fabrication du treillage.

Les bois de fente employés, sont : le châtaignier, l'acacia, le frêne et le chêne : celui dont on fait le plus fréquent usage est le châtaignier.

Les bois sont abattus et ébranchés par le bûcheron ; les bois de petite coupe sont généralement livrés au commerce dans cet état ; dans les grandes coupes, au contraire, on fabrique presque tous les bois en forêt. Les bois abattus et ébranchés se nomment *perches*, et leur âge d'abattage varie de quinze à quarante ans, (Pour obtenir de plus amples renseignements, nous prions le lecteur de consulter le *Livre du Forestier*, qui est en vente à la *Librairie Roret.*) Ce bois se vend au décistère ou 1/10 de stère, son prix varie de 2 fr. 50 à 7 fr. le décistère. Le mode de mesurage est ordinairement au *quart réduit*. Pour mesurer une perche au quart réduit, on prend la grosseur de la perche à son milieu, on divise cette circonférence par 4, on élève le quotient au carré, ou autrement dit, on multiplie le quotient par lui-même, et enfin, on multiplie le produit par la longueur de la perche. Ce dernier produit donne la mesure de la perche.

Exemple : $\dfrac{C}{4} = X$.

$X^2 \times L$ est la mesure au quart réduit. C désigne ici la circonférence ou tour; X est le quotient, et L la longueur.

Le mesurage des bois d'après le volume des corps s'opère géométriquement. Ainsi : $C \times \dfrac{D}{4} \times L$.

C désigne la circonférence, D le diamètre, L la longueur.

La différence entre le mesurage généralement en usage et le mesurage géométrique est de 0,259, en faveur du mesurage le plus usité.

On ne tient pas compte de cette différence ou bonification, qui compense la perte d'écorce et de bois subie par celui-ci pendant sa fabrication.

Lorsqu'on est appelé à acheter de petites coupes, on peut suivre, pour les estimer, le procédé suivant : avoir une corde d'environ 50^m de longueur, entourer un carré de bois de dix mètres de côté, prendre la grosseur et la longueur moyennes des perches, les mesurer au quart réduit, et faire la somme des produits. Répéter cette opération à cinq ou six places différentes. Faire les calculs, diviser le rendement total; c'est-à-dire le nombre de décistères trouvé par le nombre de mètres examinés; le quotient

FABRICATION ET PRÉPARATION. 39

représentera en décistères la quantité moyenne de bois renfermée dans un mètre de superficie. Le nombre de mètres contenus dans la coupe étant connu, on multiplie ce nombre par celui représentant le bois trouvé en moyenne dans un mètre ; on aura au produit la quantité approximative du bois contenu dans la coupe. S'il y a plusieurs essences de bois, on devra suivant le mélange et la quantité qui domineront, compter le décistère sur le pied de 2 fr. à 3 fr. Si, au contraire, il n'y a que du châtaignier dans la coupe, on pourra élever le prix jusqu'à 3 fr. 25 le décistère.

Les branches dont on se sert pour faire des bourrées et des rames ne devront jamais être comptées, ni estimées. Leur produit ou rendement servira à payer l'abattage et les faux frais. On devra toujours baser le prix d'achat sur le transport et le débardage des bois ; il sera facile de se rendre compte du prix de débardage et de transport d'un stère, et ainsi fixer le prix d'acquisition.

Coupe ou débitage des bois, dit sciage des perches. — Choix des bois.

Pour choisir et scier économiquement les bois, il est nécessaire de suivre la règle générale que nous indiquons ici.

La personne qui est chargée de faire ce travail de confiance, doit avoir autant que possible, des connaissances sérieuses sur la fabrication et l'emploi de tous les bois.

A la réception du bois, elle doit ranger les perches par catégories de grosseur, en ayant soin de mettre séparément les droites et les crochues. Étant donnée une certaine quantité de perches, voici la manière d'opérer : Prendre la *chevrette à scier*, fig. 1, qu'on pose près des perches à scier, la partie haute de la chevrette tournée du côté du petit bout des perches; saisir la perche à scier de la main gauche, et poser le gros bout dans l'entaille correspondant à la longueur qu'on veut obtenir, maintenir fortement la perche de la main gauche, et de la main droite, qui tient la scie à bûches, scier au ras du dehors du pied de la chevrette.

La règle générale veut qu'on taille les pieux et les billes d'échalas de quartier dans la partie grosse des perches. L'autre partie sert pour les échalas de deux. Si le bois est noueux et crochu, il est employé pour le treillage. S'il est uni et droit, on en fait des tuteurs.

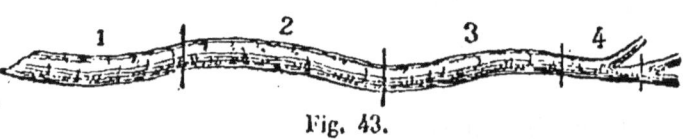

Fig. 43.

Le rendement de la perche (fig. 43) est dans la partie nº 1 d'un pieu, dans la partie nº 2 d'un autre pieu, dans la partie nº 3 d'une bille d'échalas, dans la partie nº 4, d'un tuteur et enfin d'une rame.

FABRICATION ET PRÉPARATION. 41

La perche qui est plus droite (fig. 44) se subdivise en un pieu au n° 1, en une bille de treillages aux n°s 2 et 3, et en un tuteur au n° 4.

Fig. 44.

Pieux.

On nomme *pieux* des morceaux de bois rond, ou fendu qui varient de longueur et de grosseur suivant le travail auquel on les destine. Voici les longueurs du commerce :

$1^m,45$, $1^m,65$, 2^m, $2^m,33$, $2^m,66$, 3^m.

La grosseur des pieux est toujours subordonnée à leur longueur. Ainsi les pieux de $1^m,45$ et de $1^m,65$ ont de $0^m,05$ à $0^m,06$ de diamètre; ceux de 2^m, $2^m,33$, $2^m,66$ ont de $0^m,06$ à $0^m,08$ de diamètre; les pieux de 3^m, ont quelquefois jusqu'à $0^m,10$ de diamètre.

Tout treillageur qui choisit lui-même ses matériaux doit, dans son propre intérêt, tailler les pieux dans les perches droites, et subordonner la grosseur des tiges au poids et à l'effort que doit supporter la construction.

Les pieux pelurés et planés doivent être choisis parmi les plus gros.

Apprêt des pieux. (fig. 45 et 46.)

Le premier apprêt que doit subir le pieu s'appelle *éneoutage*. Pour cette opération on prend la serpe,

42 FABRICATION ET PRÉPARATION.

(fig. 8, page 9), on met la tête du pieu en bas, en le tenant de la main gauche, puis on abat les nœuds, afin de rendre le bois bien uni, et d'enlever toutes les inégalités.

L'affilage ou épointage, qui a pour but de faciliter l'entrée des pieux en terre se fait de la manière suivante :

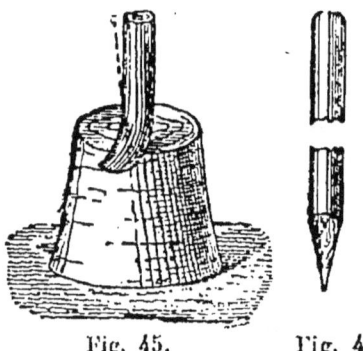

Fig. 45.   Fig. 46.

On place le gros bout du pieu sur le billot (fig. 31), en tenant le pieu de la main gauche, la main droite maniant la cognée. Si le pieu est crochu, on abat d'abord la partie concave, afin de redresser le pieu, puis la partie convexe ; on taille ensuite les deux autres faces, afin que le pieu ait quatre faces (fig. 46).

Pour qu'un pieu soit bien pointé, il faut que les quatre faces soient bien lisses, et un peu allongées. La pointe ne doit pas être trop fine afin de ne pas s'émousser en entrant en terre. On épointe de la même manière les pieux fendus et les pieux de sciage.

Pour pelurer un pieu, on pose un des deux bouts à terre, en appuyant l'autre bout contre une des

FABRICATION ET PRÉPARATION.

hanches ; on prend à deux mains la pelureuse, le taillant incliné vers la terre, et on lui imprime un mouvement de va-et-vient entre le bois et l'écorce, de façon à détacher cette dernière du bois. Lorsque la moitié du pieu est peluré, on retourne la tige de bas en haut, on la replace comme il est dit ci-dessus, et on opère, comme il a été indiqué plus haut. Un pieu bien peluré ne doit plus avoir d'écorce.

Le planage des pieux, qui sont destinés à être peints, s'opère sur le chevalet à planer, (fig. 19). Voici comment se fait cette opération :

Se mettre à cheval sur le chevalet à la place A et poser les deux pieds sur la clef A"A', ployer les deux jambes et ouvrir ainsi la presse du chevalet. Poser le pieu entre la presse et la planche d'appui ; en allongeant les jambes on serre naturellement la presse ; appuyer ensuite fortement les pieds sur la clef du chevalet, afin de bien tenir les pieux lorsqu'on passera la plane. Prendre la plane par les deux manches, le taillant tourné du côté de la personne qui plane, pelurer et planer d'une manière parfaite en passant la plane de façon que le dos de la plane passe sur les pieux permettant au taillant de planer, sans pour cela qu'il pénètre trop dans le bois. On pelure toujours ainsi, quand on se sert du chevalet pour planer.

Un pieu est bien plané, lorsque sa surface est bien ronde et bien unie.

Il faut aussi chanfreiner la tête du pieu, afin de prévenir les fentes, lorsqu'on enfonce le pieu, (fig. 46). Si les pieux sont destinés à être peints, on fera bien de leur donner une couche de peinture avant de les enfoncer en terre, et de mettre la dernière main au coloris, lorsque le treillage sera posé. Quelquefois on brûle la pointe des pieux, et on y passe une couche d'huile de lin chauffée, ou bien on les goudronne. Cette précaution empêche les pieux de se pourrir et augmente leur durée. Les pieux s'emploient dans toutes les clôtures, dans les contre-espaliers, et dans les espaliers placés le long d'un mur qui n'est pas mitoyen. On les emploie également pour les cordons à fruits, et pour servir de tuteurs aux arbres.

Pour planter les pieux, on fait à la place qu'ils doivent occuper un trou en terre à l'aide de l'avant-pieu, (fig. 28). Pour cela on prend l'avant-pieu à deux mains, et on frappe fortement la terre pour l'ouvrir à la place marquée par le pieu; puis on fait rentrer la pointe de l'avant-pieu, jusqu'à ce qu'elle ait dépassé le terrain ferme. Ceci fait, on enfonce les pieux dans la cavité pratiquée dans la terre, en ayant soin de leur faire prendre la position que devront occuper les clôtures. Il ne reste plus alors qu'à frapper avec la masse la tête des pieux. Les coups doivent être franchement donnés, afin d'éviter de produire des fentes. On frappe ainsi jusqu'à ce que les pieux aient pénétré en terre à une profondeur convenue et déterminée par la hauteur des treillages. Tous les pieux et tuteurs s'enfoncent de la même manière.

Les pieux prennent le nom de tuteurs, lorsqu'ils servent à soutenir des arbres ou des fleurs.

Fente au coutre. (fig. 47.)

Pour fendre au coutre on se sert de la fourche montée ; on se sert également du coutre et de la mailloche, comme suit :

Prendre la bille de bois à fendre, et l'introduire dans la fourche, le gros bout en bas, prendre le coutre de la main gauche et en poser le taillant sur le bois, de façon à fendre la bille de bois en deux parties égales, et frapper avec force de la main droite avec la mailloche, jusqu'à ce que la lame du coutre ait pratiqué l'ouverture de la fente. Laisser de côté la mailloche, prendre le coutre de la main droite, tirer la bille de bois à soi, appuyer fortement sur le manche du coutre de façon que le bois pèse sur la face de la fourche ainsi que sur le dessous du derrière de la fourche. Si la fente tenait plus d'un côté que de l'autre, il faudrait retourner le bois afin d'opposer les dernières pesées aux premières.

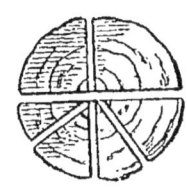

Fig. 47.

Lorsque la bille est fendue en deux, on fend comme il est dit ci-dessus chaque moitié en autant de morceaux qu'il est nécessaire, suivant la grosseur des billes et des objets qu'on veut fabriquer. On dirigera toutes les fentes vers le cœur, de façon que chaque morceau de bois fendu ait autant de cœur.

La fente au coutre s'emploie généralement pour les vieux bois, les pieux de quartier, les échalas de quartier, les lattes et les bardeaux. On fend également au coutre les bois qui servent à la fabrication de la boissellerie, et d'autres qui n'entrent pas dans notre cadre. Pour la fente au coutre, il faut avoir soin de proportionner la grosseur du coutre à celle du bois à fendre. En effet, si le coutre était trop petit, on pourrait le briser en ouvrant des bois d'une dimension trop grande, ou tout au moins éprouver de grandes difficultés à le fendre. Si, au contraire, le coutre était trop gros pour le bois, il serait difficile, ou pour mieux dire impossible, de fendre du petit bois. La pratique seule donne le moyen d'obvier à ces inconvénients.

Fente à la serpe. (fig. 48 et 49.)

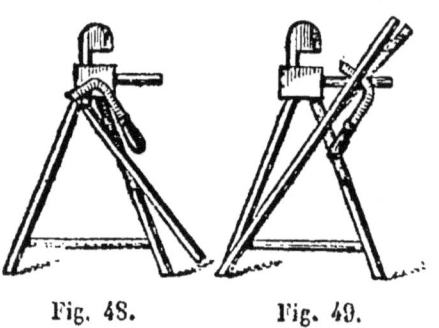

Fig. 48.   Fig. 49.

Pour la fente à la serpe, on se sert du cheval à fabriquer et de la serpe à fendre. On prendra la serpe de la main droite, la bille de bois de la main gauche, le petit bout en haut; on posera le taillant de la serpe sur le milieu de la coupe de la bille à fendre, et l'on frappera le dos de la serpe sur l'extrémité haute du cheval à fabriquer, en tenant toujours le bois et la serpe comme il est dit ci-dessus, voir fig. 48.

Lorsque le bois est ouvert, on fait passer cette ouverture dans la cheville de fente du cheval à fabriquer (fig. 49). En maintenant la serpe dans la même position que précédemment, il suffira, pour achever la fente, de lever et de baisser la main qui tient la serpe. Ce mouvement opère des pesées en haut et en bas qui continuent la fente.

Au fur et à mesure que le bois se fend, il faut pousser la fente dans la cheville, en levant la bille avec la main gauche, et en poussant le bois jusqu'à ce qu'il soit fendu entièrement. La conduite de la serpe dans la fente s'acquiert avec la pratique. Les notions de fente que nous donnons ici sont celles employées généralement, mais l'essence, la résistance et la grosseur des bois modifient les mouvements des mains dans la fente. Il suffira de quelques essais pour arriver à bien fendre. On fend ordinairement à la serpe les échalas de deux et le treillage. Cette fente a l'avantage de moins fatiguer l'ouvrier, et d'être plus expéditive. Ce mode de fente est employé depuis quinze années environ. Autrefois la fente au coutre était seule en usage.

Après avoir décrit, comme nous venons de le faire, les fentes au coutre et à la serpe, nous allons passer en revue les différentes marchandises fendues. Tels sont les pieux fendus, les échalas, les treillages, les lattes et les bardeaux ; ces deux derniers sont un peu en dehors de notre cadre ; cependant, comme dans le débit du bois et dans les essences diverses qu'on rencontre dans les coupes de bois, il se trouve des billes pour ces marchandises, il n'est pas hors de propos d'en parler ici. J'ajouterai qu'une grande partie des chantiers de treillageurs renferment de ces marchandises qu'on livre aux entrepreneurs de maçonnerie.

Échalas.

On nomme échalas un morceau de bois fendu employé généralement sans planage.

Il y a deux sortes d'échalas : l'*échalas de deux*, c'est-à-dire deux échalas à la bille de bois, et l'*échalas de quartier*, qui est tiré d'une bille de bois donnant au moins trois échalas. Voici les longueurs des échalas de commerce : 1m,33, 1m,38, 1m,50, 1m,65, 2m, 2m,33 et 2m,66.

Ces deux derniers ne servent habituellement que pour les *corsets* d'arbres.

Les échalas servent à la construction des clôtures qu'on nomme *pâlis*.

Préparation de l'échalas.

La première préparation de tous les bois après la fente c'est le bottelage. La manière de botteler que nous allons décrire s'applique à tous les bois.

Pour les échalas, voici la quantité dont se compose chaque botte :

Les longueurs de 1m,33, 1m,38, 1m,50, se bottellent par 40.

Celles de 1m,65, 2m, 2m,33 et 2m,66 se bottellent par 20.

Les treillages se bottellent invariablement par longueur de 72m linéaires à la botte. Nous dirons dans la préparation du treillage le nombre de brins déterminé par leur longueur.

Le *Bardeau* se vend au mille ; il se bottelle dans un cerceau ; la quantité contenue dans chaque cerceau varie suivant la grandeur du cerceau.

La *botte* de latte se bottelle par 50.

Bottelage. (fig. 50.)

Pour botteler les bois on se sert de la *fourche à lier* et du *garrot*. Voici comment on doit procéder :

Prendre les plus beaux morceaux, pour parer la botte ; les placer leur fente à plat sur les fourches : mettre les plus petits dans le milieu ; les recouvrir de beaux morceaux, la fente tournée en dehors. Ceci fait, passer le garrot par dessous la botte, en plaçant les deux manches de la manière suivante :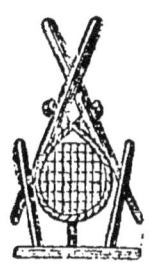

Fig. 50.

celui de droite sur le côté gauche de la botte et celui de gauche sur le côté droit. Ces deux manches sont placés de manière que leur partie concave embrasse la botte. Pour serrer celle-ci, il faut abattre les deux manches du garrot, les passer sous la botte, et les maintenir dans cette position. On prend ensuite une hart ou un fort fil de fer, puis on lie solidement la botte, afin qu'après avoir enlevé les garrots, la botte ne se desserre pas. Pour chaque lien, il est nécessaire de se servir du garrot.

Épointage. (fig. 51.)

Pour faire une pointe, il faut mettre l'échalas sur le chevalet à planer, la fente sur la planche d'appui.

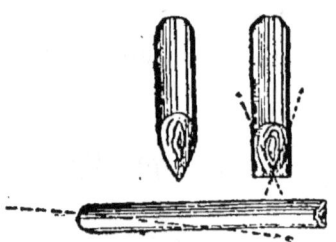

Fig. 51.

Ensuite à l'aide de la plane on amincit le bout à pointer, puis on arrondit en pointe le côté droit et le côté gauche.

Il est d'usage de pointer le petit bout des échalas pour les pâlis à jour et la moitié du petit bout, ainsi que l'autre moitié du gros bout pour les pâlis jointifs. Le treillage se pointe de la même façon.

Le maniement de la plane et du chevalet a été décrit pour les pieux planés.

Dressage. (fig. 52.)

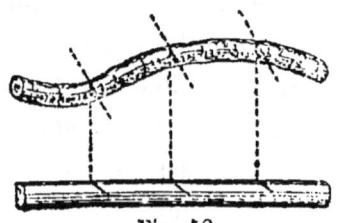

Fig. 52.

Pour dresser l'échalas, on emploie le dressoir et la serpe à dresser.

Pour cela prendre la serpe de la main droite et l'échalas de la main gauche la pointe en haut: passer l'échalas sous la tête du dressoir, la partie convexe du croche appuyée contre le dressoir; donner une coupe de serpe dans le milieu de la partie concave, de façon à couper le bois par la moitié. Le dos de la serpe doit être incliné du côté de la main, de façon que la coupe vue du côté droit s'incline de gauche à droite.

En donnant le coup de serpe, on doit appuyer sur l'échalas avec la main gauche, jusqu'à ce qu'il soit droit. La coupe s'écarte un peu et les parois s'accrochent, laissant le bois dans la position droite qu'on lui a donnée.

Il faut agir ainsi pour toutes les croches.

Si ce bois, après un coup de serpe donné, revenait dans sa position première, on passerait la serpe à plat entre l'échalas et la tête du dressoir, la serpe couvrant la coupe, en appuyant fortement de la main gauche sur l'échalas et en maintenant fortement avec la main droite la serpe à plat sur la coupe, de façon que les coupes ne montent pas les unes sur les autres. Avec un peu d'expérience, on diminuera le nombre des coups de serpe, c'est-à-dire qu'on réussira à donner des coups qui serviront à redresser deux courbes.

Les treillages se dressent de la même manière, en ayant soin de donner les coups de serpe moins forts. Dans l'un et l'autre cas si les bois sont gras, c'est-à-dire cassants, on couche davantage les coups de serpe.

Quant aux bois qui ne doivent pas servir de suite, il est indispensable de bien serrer les liens qui les bottellent et d'empiler les bottes d'une manière très régulière.

Les bois redressés dont on ne prend pas soin reviennent à leur forme primitive, ce qui nécessite un second dressage, qui n'est jamais aussi efficace que le premier.

Treillage.

On nomme *treillage* le bois fendu qui reçoit un planage.

Le treillage est tiré ordinairement des bois de taillis. (Coupe de 15 à 20 ans.) Ces bois se fendent à la serpe en brins d'environ 0^m,04 de largeur et 0^m,025 d'épaisseur, pour avoir 0^m,03 de largeur sur 0^m,02 d'épaisseur, lorsqu'ils sont planés.

Le planage du treillage est le complément de sa fabrication. Pour planer le treillage il faut se servir 1° *du cheval à fabriquer;* 2° *de la cale en bois;* 3° *du garde-côte et de la plane.*

A cet effet, on prend le treillage, on le place sous la tête du cheval, en son milieu, on met ensuite la cale entre le treillage et le corps du cheval, et on l'enfonce d'un coup de dos de plane, afin de serrer le treillage sous la tête du cheval.

Il faut ensuite trancher d'un coup de plane la face du treillage en la maintenant dans le sens horizontal, trancher les deux côtés, en tenant la plane dans la position verticale, la main droite en haut pour le côté gauche, et en bas pour le côté droit.

FABRICATION ET PRÉPARATION.   53

Pour planer on se place toujours à droite du treillage. En atteignant l'extrémité de celui-ci, on l'appuie contre le garde-côte qu'on a soin de revêtir à cet effet. Le taillant de la plane viendra ainsi frapper le garde-côte, sans aucun danger pour l'opérateur.

Pour faire le dos on tourne le bois, et lorsqu'un côté est entièrement terminé, on passe à l'autre et on agit de même.

Le treillage entièrement plané présente en coupe quatre pans inégaux.

Le bottelage du treillage se fait comme il est dit plus haut par 72 mètres de treillage par botte.

Voici la longueur des bois de commerce, et la quantité de treillages dans chaque longueur.

Le treillage de 3m a 24 brins à la botte, celui de 2m,66 en a 27, celui de 2m,33 en a 31, celui de 2m en a 36, celui de 1m,65 en a 43, celui de 1m,33 en a 54, et enfin celui de 1m en a 72.

Préparation du treillage.

Dans les travaux d'ornement, on replane les treillages pour leur donner partout la même largeur et la même épaisseur, suivant le modèle donné. On les replane sur le chevalet à planer de la manière suivante : donner un coup de plane sur la face du treillage pour la rendre unie, planer les deux côtés, suivant la largeur du modèle, et planer le dos suivant son épaisseur.

Un bois replané doit, autant que possible, être de

même épaisseur et de même largeur dans toute sa longueur.

Lorsqu'on a une certaine quantité de ce bois à employer, on doit, par économie, le fabriquer dans des billes de bois très droites et sans nœuds, fendre plus petit, et planer avec plus de soin que pour le bois ordinaire.

Ce procédé a l'avantage de simplifier la main-d'œuvre et de procurer une économie notable sur le prix de revient du bois replané.

Le bois replané *fabriqué* de cette façon se nomme bois réduit.

Le pointage des treillages se fait comme il a été dit plus haut.

Dans les travaux d'ornement on emploie quelquefois des treillages pointés à la gouge ou autrement dit à pointes rondes.

Les pointes rondes se font de la manière suivante (fig. 53) :

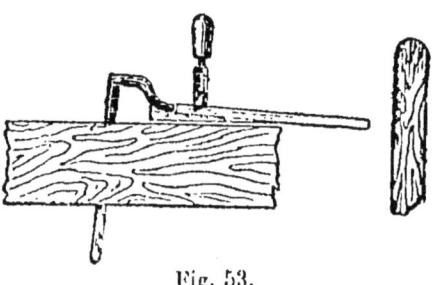

Fig. 53.

Il faut d'abord amincir le bois à la plane, puis tailler en forme de coin une planche en bois dur, qu'on serre entre l'établi du menuisier et son valet.

On pose ensuite le treillage à plat sur l'établi, l'extrémité à pointer reposant sur le coin, on applique le taillant d'une gouge qui a sa partie concave tournée du côté du treillage, puis on frappe avec le maillet pour faire la pointe.

La forme et la largeur de la gouge varient suivant le bois à pointer.

Dressage du treillage.

Le *Dressage* du treillage se fait comme il est dit plus haut, mais il faut apporter beaucoup plus de soin au dressage du treillage qu'à celui des échalas.

Lorsqu'on dresse des bois longs, on doit, par mesure de prudence, se servir du T.

Les coupes ou *navrures*, faites pour redresser un treillage, doivent être dissimulées autant que possible.

Le treillage bien dressé, surtout le bois replané ou réduit doit être bien droit, afin que dans son emploi, les courbes soient cachées.

Les bois employés pour la clôture n'ont pas besoin d'être traités avec autant de soin ; on doit même ménager les coups de serpe, afin que le bois offre une plus grande solidité. On est porté à croire que le dressage porte atteinte à la solidité des treillages. Il n'en est rien cependant ; un dressage bien compris n'altère en rien le bois, surtout, si comme nous l'avons recommandé, on a soin de dissimuler les coups de serpe, et de poser le treillage l'ouverture de la navrure en bas.

Nous ajouterons qu'une couche de peinture bien appliquée dans la navrure empêche l'eau de pénétrer dans celle-ci.

Lorsque des treillages réduits ont été tirés de bois bien droit, et sans nœuds, et qu'ils sont francs, c'est-à-dire peu cassants, on se contente de les redresser en les matinant, opération qui a lieu de la manière suivante :

Engager le treillage sous la tête du dressoir en le plaçant comme il a été dit plus haut; mettre le plat de la serpe entre la tête du dressoir et le treillage, en maintenant la serpe de la main droite; appuyer la main gauche sur le treillage, jusqu'à ce qu'il soit droit, et continuer l'opération pour toutes les courbes.

Dans les bois francs, le matinage allonge les fils du bois, qui restent dans cette position après l'opération. Il n'en est pas de même pour les bois gras ou cassants. Lorsqu'on veut les matiner, leurs fils se cassent en rompant le treillage.

Treillages ployés en cercles.

Les cercles employés dans le treillage se fendent dans du bois bien franc et dans des billes qui doivent produire trois cercles au plus.

On plane la surface bien également, en ayant le soin de les tirer bien d'épaisseur, afin qu'en les ployant, ils déterminent un cercle bien rond, résultat qu'on ne pourrait pas obtenir si l'épaisseur des cercles n'était pas la même partout.

FABRICATION ET PRÉPARATION.

L'épaisseur des cercles faisant face au dehors doit être bien planée. Ce travail préparatoire étant achevé, on ploie le treillage en se conformant aux principes énoncés plus bas, soit au *pied*, soit au *billard*, soit au *pouce*.

Pour ployer au pied, on place le treillage, le dos tourné soit en dehors, soit en dedans, on prend dans chaque main une de ses extrémités, et on appuie le pied sur toutes les courbes, en rapprochant les mains pour joindre les deux bouts, et en arrondissant le cercle le plus possible. On place ensuite le cercle dans le moule qui a dû être préparé suivant la longueur des bois. Pour ployer au billard, on prend le billard de la main droite, et le treillage à ployer de la main gauche. On introduit une des extrémités du treillage dans l'entaille du billard sur lequel on fait une pesée, en faisant passer dans l'entaille toute la longueur du bois. Il est nécessaire de maintenir fortement le treillage avec la main gauche, en faisant manœuvrer le billard. Lorsque le treillage est bien ployé, on le met dans le moule.

Le ployage au pouce s'opère de la même manière que le précédent; le pouce et l'index de la main droite remplacent le billard.

Comme l'emploi des treillages préparés de cette façon n'est qu'accidentel, nous ne nous étendrons pas plus longuement sur ce sujet. Nous conseillons aux personnes qui auraient une assez grande quantité de cercles à ployer de consulter le *Manuel du Tonnelier*, faisant partie de l'Encyclopédie Roret, qui donne d'amples détails sur la fabrication des cercles et la mise en moule.

Les cercles de corsets d'arbres se font comme il est dit ci-dessus. Cependant, comme ils sont moins épais que les cercles ordinaires, on peut les fendre dans des billes, prises dans les pieds de perches de bois très franc.

Le moule doit être disposé suivant la grandeur des cercles. La longueur du bois doit surpasser de 0m,20 celle de la circonférence du cercle ; ce surplus permet d'amincir les deux extrémités pour les joindre. Ce dernier travail porte le nom d'*habillage*.

Habillage des bois. (fig. 54.)

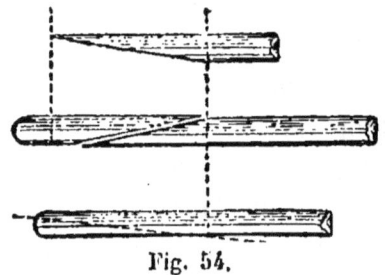

Fig. 54.

On nomme *habillage* le travail qui consiste à préparer, bout à bout, la réunion des deux extrémités du bois, de façon à ne former qu'une seule et même épaisseur ; ces extrémités ainsi préparées se nomment *habillures*. Considéré au point de vue de l'assemblage, ce travail sert encore à réunir les treillages. Pour habiller on doit procéder comme il suit : amincir à l'aide de la plane le dos du treillage à une de ses extrémités et à environ 0m,10 du bout de la tige, le taillant en sifflet, passer ensuite à l'autre extrémité dont on diminue l'épaisseur, en faisant passer la plane sur la face. Ceci fait, appuyer les deux extrémités, l'une contre l'autre, l'habillure du dos regardant celle de la face.

On obtient ainsi une seule épaisseur formée de deux tiges distinctes.

Deux clous ou deux ligatures de fil de fer suffisent alors pour maintenir les deux bouts assemblés. Lorsqu'on habille du bois dressé, il faut avoir soin, en faisant l'habillure, de coucher les coups de serpe afin d'empêcher l'eau de séjourner dans les assemblages, lorsque les treillages sont employés verticalement le long d'un mur. Lorsqu'on habille du bois non dressé, il est d'usage d'amincir le gros bout sur le dos, et le petit bout sur la face. On nomme gros bout d'un treillage le côté du pied de l'arbre, et le petit bout, le côté opposé. Il est facile de distinguer d'après la direction des nœuds le pied des branches.

Bois de sciage.

Les bois de sciage employés pour le treillage sont : le chêne, le châtaignier et le sapin rouge et blanc. On emploie généralement le sapin rouge pour les jalousies et les claies à ombrer les serres, et le sapin blanc pour les treillages. On nomme sapin rouge, le bois de sapin dont on n'a pas extrait la sève résineuse, et sapin blanc, celui qui a été soumis à cette opération.

Le commerce livre ordinairement ce bois en madriers de 0m,08 d'épaisseur sur 0m,22 de largeur, et en bastin de 0m,06 d'épaisseur sur 0m,16 de largeur. Les bois destinés à être employés pour des treillages doivent être choisis autant que possible sans nœuds. Pour le treillage, on fait débiter les madriers en neuf *traits hauts*, et dix *traits bas*, ce qui donne cent dix morceaux au madrier.

Ces bois tout rabotés ont 0m,018 de largeur, sur 0m,006 d'épaisseur.

Les bois des jalousies articulées et des claies à ombrer les serres, doivent être débités par madriers à sept *traits hauts*, et neuf *traits bas*. Le bois doit avoir, tout raboté, 0m,02 de largeur sur 0m,008 d'épaisseur. Quant aux madriers pour jalousies à lames biseautées, on les débite à sept *traits hauts* et sept *traits bas*. On emploie toujours des bois secs, afin qu'ils ne travaillent pas après avoir été débités.

Rabotage des bois. (fig. 55, 56 et 57.)

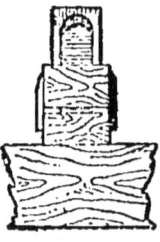  

Fig. 55.   Fig. 56.   Fig. 57.

Pour raboter les tringles débitées, on fait une boîte en bois pouvant contenir deux tringles posées à plat. Cette boîte se compose d'un morceau de bois proportionné à la largeur du rabot qu'on emploie, et d'une épaisseur assez forte pour ne pas ployer sous la pression du rabot. On pose de chaque côté du morceau de bois, deux tringles en chêne moins épaisses que les tringles à raboter, pour fermer la boîte, en ayant soin de chasser les clous, pour que le fer du rabot ne les rencontre pas. Entre ces deux tringles de chêne il y a place pour deux autres tringles de sapin posées à plat; de chaque côté du rabot, on cloue une joue qui doit dépasser de 0^m,03 le niveau du fer.

Le rabot ainsi modifié doit glisser sur la boîte, comme une roue de wagon sur un rail.

Il faut donner très peu de fer au rabot, et blanchir les deux côtés, sans trop les diminuer.

Pour raboter les tringles sur champ, et les tirer de large, il faut faire une boîte ayant la même largeur que la précédente. Les tringles en chêne doivent être un peu moins hautes que les tringles à tirer de large. Pour faire ce travail, on se sert d'une demi-varlope, arrangée comme le rabot.

Les bois qui sont destinés à faire des lames biseautées, sont rabotés sur le plat.

Pour les tirer de large et les biseauter, il faut faire une boîte comme suit (fig. 57), de même largeur et de même hauteur que celle à tirer de large. Les joues qui forment la boîte doivent être biseautées à environ 0^m,015 d'inclinaison. Ces deux inclinaisons doivent être parallèles entre elles. On place les tringles à biseauter suivant la même inclinaison, en en mettant autant que la boîte peut en contenir.

Les biseaux seront formés lorsque la varlope frottera contre les parois de la boîte.

Dans la préparation des bois de sciage, la pratique donnera naissance à des modifications laissées au gré de l'opérateur. Ces modifications procureront une économie de temps et de labeur.

Les habillures et les pointes se font de la même façon que pour les autres bois.

Pour bien raboter sans faire d'éclats de bois, il faut suivre le fil du bois. Il faut agir de même pour faire les habillures et les pointes.

Jonc ou rotin.

Le jonc ou rotin est employé dans les travaux d'ornements intérieurs. Il est livré par 100 kilos au commerce, et se prépare de la manière suivante : nettoyer avec un couteau toute la pelure qui reste surtout près des nœuds ; étendre du grès mouillé sur un chiffon, et frotter avec force pour enlever les taches, puis passer à l'eau claire.

La fente du rotin se fait avec une serpette, en ouvrant le jonc au milieu et en conduisant la fente à droite ou à gauche suivant sa direction. Lorsque le jonc est fendu, on pose le dos de celui-ci sur le genou droit, en tenant une de ses extrémités de la main gauche. La serpette que tient la main droite se place le taillant posé sur le jonc, la lame presqu'à plat. On tire le jonc de la main gauche. Lorsque la lame aura passé sur la fente, le jonc sera plané.

Le bambou se travaille de la même manière que le jonc, et s'emploie pour les mêmes travaux.

Marchandises diverses.

Fils de fer. On emploie le fil de fer pour coudre les treillages depuis le n° 4 jusqu'au n° 9. Ce fil doit être bien recuit au bois, et sans paille. On reconnaît que le fil est de bonne qualité, lorsqu'en le tendant, il s'allonge sans pailler et sans se briser. On emploie aussi quelquefois le fil galvanisé pour coudre le treillage ; mais il a été reconnu qu'indépendamment de la difficulté qu'on éprouve à l'employer, il est sujet à se briser lorsqu'on manœuvre les panneaux de treillages.

Les gros fils galvanisés s'emploient pour dresser les arbres fruitiers.

Clous. Les clous qu'on emploie dans le treillage doivent être de très bonne qualité, afin de se prêter au rivage sans se briser. Les meilleures sont les pointes *dites de Paris ;* on en emploie de toutes les grosseurs et de toutes les longueurs. On emploie également des *clous à crochet, à tête pointue.* On se sert aussi de différents systèmes et d'une foule d'articles de quincaillerie que nous ne pouvons citer ici, et dont les besoins du moment feront sentir la nécessité.

Pour la nomenclature des fils de fer nous prions le lecteur de se reporter à la troisième partie de cet ouvrage qui traite du *grillage.*

Peintures pour treillages. La couleur la plus souvent employée dans le treillage est la couleur verte. La *nuance* et le *ton* changent suivant le goût. Le vert est en poudre impalpable et se détrempe à l'huile de lin. Il faut que la poudre soit détrempée avec soin dans l'huile, afin de ne pas laisser de grains non détrempés. Généralement on mélange du blanc de céruse broyé à l'huile avec de l'essence, et lorsque ce mélange est bien fait, on l'ajoute au vert détrempé. La quantité de blanc est subordonnée au ton et à la solidité qu'on veut obtenir. Pour donner du brillant à cette teinte, on y ajoute un peu d'huile cuite (dite huile grasse). Pour l'emploi des autres couleurs, nous renvoyons le lecteur au *Manuel du Peintre en bâtiments.*

Pour qu'un treillage soit bien peint ou couvert, il faut au moins trois couches. Nous recommandons de ne donner une couche que quand la précédente sera entièrement sèche. Les brosses employées pour la peinture du treillage sont celles qu'on nomme *tampettes* dans le commerce. Il est bon d'imprimer ou de donner la première couche *en brin,* afin que toutes les parties du bois soient atteintes, ce qui ne pourrait pas se faire si on donnait la première couche de peinture, les treillages étant montés, car les parties de treillages superposées ne seraient pas atteintes.

Peinture des treillages et des claies.

Pour peindre les treillages *en brin,* on appuie le treillage sur un tréteau, et l'on promène vivement la brosse garnie de teinte sur toutes les parties, en ayant soin d'éviter les gouttes et les bavures.

Pour les panneaux de treillages on commence par peindre le dos, puis on retourne le panneau pour en peindre la face, afin que cette dernière soit toujours nette.

Pour peindre les claies on les étend sur une table *face sur table*, on en met plusieurs les unes sur les autres, et on peint une face concurremment avec un champ, puis l'autre face avec le second champ. On enlève ensuite la claie peinte pour la poser debout sur une planche, de façon que les brins ne se salissent pas, et enfin, l'on passe un dernier coup de brosse, pour enlever les gouttes et les bavures. C'est un principe rigoureux de peindre en dernier la face du treillage qui est la plus visible. Lorsqu'on a la nuance, il faut préparer la quantité de teinte nécessaire à tout le travail. Cette règle est indispensable pour que toutes les parties composant un même treillage soient de la même teinte. On conserve ordinairement un peu de teinte pour faire les raccords après la pose.

*Chaînes en fil de fer et en tôle
pour claies et jalousies.*

Il y a dans le commerce sept genres de chaînes, cinq en tôle et deux en fil de fer.

Trois systèmes nécessitent pour leur fabrication des outils spéciaux; quatre peuvent se faire à la main.

4.

N° 1. *Système Pilon, perfectionné par Marchal.*
(voyez la fig. 152, pl. II.)

Il se fait avec du fil de fer non recuit N° 10, noir ou galvanisé. On prend du fil de fer N° 10, et une tringle de forme ovale bien unie de 0^m,015 de large sur 0^m,025 de hauteur d'ovale. Cette tringle est percée d'un trou à une de ses extrémités. On attache un bout de fil à un anneau solidement scellé, on le tend le plus possible, et l'on passe l'autre bout du fil dans le trou de la tringle qu'on tient à deux mains. Enfin on enroule le fil en spirale, de façon que toutes les torsions soient côte à côte, lorsque la tringle sera recouverte par le fil, qui aura pris une forme ovale.

Avec un burin bien affilé, on coupe court les fils de la spirale, suivant une ligne parallèle à l'axe de la tringle, et l'on obtient ainsi les mailles principales de la chaîne, qu'on réunit les unes aux autres par de petits anneaux.

Ces petits anneaux d'articulation se font avec une petite pince nommée *bec de corbin*. Ils doivent avoir au plus 0^m,005 de diamètre et ils s'enfilent alternativement avec les mailles. On emploie aussi pour faire cette chaîne des petits anneaux en tôle estampée qu'on trouve chez les fabricants de chaînes. Ces derniers sont préférables aux autres, comme solidité ; ils ne s'ouvrent pas, comme les précédents, sous le poids qu'ils portent.

N° 2. *Système Pilon perfectionné par Défosse.* Cette chaîne passe à travers l'épaisseur des lames de claies. On la prépare par mailles qu'on enfile en montant la claie. A cet effet, on prend du fil comme pour le n° 1 et on le coupe par bouts de 0m,04 de longueur ; former un petit anneau à l'une des extrémités avec le bec de corbin. Le second anneau se fait en montant la claie. L'anneau devra avoir 0m,005 de diamètre.

N° 3. *Système Pilon.* Cette chaîne ne se fait pas à la main, il faut un outil spécial pour la fabriquer.

N° 4. *Système Deschamps.* Il est dans le même cas que le précédent.

N° 5. *Système Darthuy.* Il se fait comme les deux premiers.

N° 6. Ce système qui est également de M. Darthuy, se fabrique en tôle décapée ou galvanisée N° 4. Pour cela on coupe la tôle à la cisaille, par bandes de 0m,007 de large, et l'on divise ces bandes par bouts de 0m,05 de longueur ; on fait en fil de fer un anneau de forme ovale de 0m,007 de longueur sur 0m,005 de large ; on ploie la tôle sur une tringle à claie, et l'on enfile en alternant les bandes et les anneaux. On peut se procurer des anneaux estampés chez les fabricants de chaînes.

N° 7. *Système Lebœuf.* On coupe le fil laminé comme pour le n° 6, et l'on ploie à la pince les petites bandes, de façon à former un crochet à chaque extrémité. Ces crochets sont destinés à entrer dans le bois en fabriquant les claies. Le petit anneau se fabrique comme il est dit pour le système n° 6.

Après avoir décrit l'outillage, la fabrication, l'apprêt des bois, ainsi que les diverses marchandises employées pour le treillage, nous allons indiquer la manière de le monter et de le poser. Il faudra apporter la plus grande attention, dans l'étude des chapitres qui vont suivre, et bien se rendre compte de toutes les opérations à exécuter avant d'attaquer un travail. Car souvent les choses les plus simples à exécuter deviennent difficiles et compliquées, lorsque l'on ne s'est pas rendu un compte assez précis de la manière d'opérer.

CHAPITRE III

CLÔTURES

Clôture en Treillage. — Clôture en échalas ou Pâlis. — Clôture mixte, mi-partie treillage, mi-partie échalas. — Treillage mécanique.

§ 1. Clôture en treillage.

Le treillage ayant été préparé ainsi que nous l'avons expliqué en détail dans le chapitre précédent, si l'on veut établir une clôture en treillage, il faut tout d'abord monter le premier panneau de clôture, qui servira de modèle pour tous les autres.

Voici comment on établit l'épure de ce premier panneau. On choisit, dans les treillis habillés et dressés, les plus beaux échantillons pour faire ce que l'on nomme des *lattes de marque*. On divise ensuite au compas une de ces lattes, suivant l'écartement que l'on veut donner aux montants de clôture. Si la pose des panneaux se fait en commençant par la gauche, c'est également par la gauche à partir de l'extrémité de l'habillure que l'on commencera à former la division, et on laissera à droite de la latte, à l'extrémité habillée sur la face, une longueur de 0m,10 qui servira pour l'assemblage des panneaux. Si au contraire la pose se fait en commençant par la droite, on tournerait les habillures sur le dos à droite, et on commencerait la division de ce côté, en ayant soin de laisser dépasser la pointe du compas de 0^m,03 sur l'extrémité de l'habillure, pour tenir compte de la largeur du montant. (Voyez fig. 100 et 102, pl, 1.)

La première latte divisée et marquée ainsi qu'il vient d'être dit, on dispose les autres côte à côte, en égalisant les bouts qui sont habillés sur le dos, sans se préoccuper des bouts habillés sur la face, et à l'aide d'une équerre, on tracera les divisions ci-après sur toutes les lattes, ainsi qu'on le voit dans la fig. 103.

On choisit ensuite quelques treillis appointés et dressés qui forment les *montants de marque;* il en faut 3 par chaque mètre de longueur de panneau d'épure, en choisissant, pour faire le premier montant de marque, le treillage le plus court. On marque ensuite 0^m,08 à partir de l'extrémité de la pointe: cet espace se nomme *pointe du panneau;* puis, 0^m,15 à partir de l'autre extrémité, pour faire ce qu'on nomme le *peigne du panneau.* L'espace compris entre ces deux marques est divisé en autant de parties, *moins une,* que l'on veut mettre de lattes dans le panneau. Ce premier montant de marque, divisé comme nous venons de le dire, servira à tracer tous les autres ainsi qu'il a été fait pour les lattes de marque, en ayant soin d'aligner les pointes. Il est d'usage de faire la marque des treillages sur la face, de sorte qu'en montant les panneaux, les bois soient face à face afin d'obtenir plus de solidité.

Avant de continuer la description de la confection du panneau d'épure, nous dirons comment les treillageurs forment les liens de fil, nommés *couture*, pour réunir les diverses parties sur les clous d'épure. On prend le fil de la main droite entre le pouce et l'index, de façon à laisser dépasser le bout d'environ 0^m,10, la tenaille à pleine main de la main droite, et à environ 0^m,08 du clou rivet; on passe, toujours de la main droite, le fil qui doit embrasser le clou d'épure et la latte, puis, le laissant dépasser au-dessus de la latte, on saisit ce bout avec la tenaille, on baisse la main droite en la portant à gauche sans lâcher le fil, on lève la main gauche en la portant à droite et tenant fortement le fil entre les doigts de manière à ce qu'il passe à la hauteur de la première phalange de l'index. On abandonne alors le fil que tient la tenaille, et on baisse en même temps la main gauche, tenant toujours le fil qu'elle lâchera après ce mouvement. Le lien est alors cravatté, c'est-à-dire que les deux fils se seront rencontrés et qu'il y aura un tour de croisement fait de droite à gauche. Prenant alors la tenaille avec les deux mains, la droite en avant du côté des mâchoires, on pince les deux bouts de fil dans la mâchoire, et l'on donne plusieurs tours de tension en levant la main pour exercer une pesée et bien serrer. Il n'y a plus qu'à serrer un peu les mâchoires, le lien sera terminé et le fil sera coupé sans effort. Telle est la décomposition des mouvements nécessaires à exécuter pour former une couture que l'on fera facilement avec un peu de pratique.

Revenons à notre panneau d'épure. On dispose sur les montants du mur trois clous à épure, sur lesquels on place une latte de marque, l'habillure du gros bout tournée du côté où l'on doit commencer la pose, en faisant correspondre cette habillure avec une ligne fouettée d'aplomb sur le mur. Les marques devront naturellement être en vue. On fixera cette latte avec un lien de fil.

On prend ensuite un montant de marque, que l'on place sur la dernière marque de gauche de la latte, en laissant celle-ci visible à droite et la pointe du panneau correspondant avec le dessus de la latte, puis on les réunit par une couture. On lie de même un montant sur la première latte de marque, mais à l'extrémité de droite, et un autre au milieu. Ensuite on place toutes les lattes, en ayant soin de bien les fixer sur les montants aux points correspondant avec ceux de la première posée.

On met enfin le panneau d'aplomb, en vérifiant à l'aide d'un fil à plomb, que toutes les têtes des montants soient sur une horizontale et les extrémités des lattes sur une verticale, ainsi qu'on le voit dans la fig. 103. On fixe les lattes à quelques clous d'épure posés entre les montants, en ayant bien soin de les poser toujours dans l'intervalle compris entre les repères marqués sur les lattes. Il faut également que la tête de ces clous soit écartée d'au moins 0^m,05 de la latte, afin que l'on puisse glisser entre elle et la tête du clou, les autres lattes des panneaux que l'on montera sur le panneau d'épure.

La confection d'un autre panneau devient des plus simples, après les explications que nous venons de donner. Il suffit de poser des lattes et des montants entre ceux du panneau d'épure et les têtes des clous, et de les lier les uns aux autres, en ayant bien soin de les faire concorder exactement, afin que les marques coïncident entre elles.

Toute la réussite du travail dépend donc du soin apporté à la confection du panneau d'épure ; aussi croyons-nous devoir insister sur quelques recommandations essentielles.

Le panneau d'épure devra être bien fixé sur le mur, afin qu'il ne se déforme pas pendant l'exécution. Une autre précaution que l'on doit observer, aussi bien pour le panneau d'épure qu'en général dans toute la confection du treillage de clôture, c'est, dans la couture, de faire les liens alternativement de gauche à droite, et de droite à gauche, afin d'empêcher les panneaux de pencher dans un sens ou dans l'autre, ce qui arriverait infailliblement si toutes les coutures étaient dirigées de même. (Voyez fig. 107.)

Lorsqu'un panneau est terminé, on l'enlèvera de l'épure pour le placer bien droit, dans un endroit où, autant que possible, il ne sera déplacé que pour être posé. Tous les panneaux seront posés les uns sur les autres afin de pouvoir être comptés facilement. La longueur d'un panneau se prend, de l'extrémité de l'habillure sur le dos, au dehors du dernier montant. Le nombre des lattes qui entrent dans le treillage de clôture est subordonné à la hau-

Treillageur, 2ᵉ partie.

teur de cette clôture. Le nombre des lattes par rapport à la hauteur des montants se proportionne comme suit :

Montants de 1^m . . . . 3 lattes.
»   1^m, 33 et 1, 45 . . . 4 »
»   1, 65 . . . . 5 »
»   2 . . . . 6 »
»   2, 33 . . . . 7 »

et ainsi de suite, ajoutant une latte pour 0^m, 33 d'accroissement de hauteur.

L'écartement des montants est subordonné à la solidité que l'on veut donner au treillage. Quelquefois, entre les montants ordinaires, on en intercale de plus petits, afin que le bas du treillage soit plus serré. On nomme ce travail *garnir* et les montants intercalés portent également le nom de *garnis*. Leur pose se pratique exactement comme celle des montants ordinaires. (Voyez fig. 104.)

Les explications que nous venons de donner, permettent d'exécuter toutes les clôtures de treillage qui peuvent se présenter. On peut également en faire l'application à la construction des palissades en planches, en remplaçant les liens de fer par des clous rivés. Tout amateur, qui lira attentivement ces explications pourra, à l'aide des bois préparés que livre le commerce, établir par lui-même une clôture qui ne laissera rien à désirer.

Pose des clôtures en treillage. — Il faut tout d'abord poser les pieux. Ceux-ci ont une hauteur subordonnée à celle de la clôture, plus ou moins grande, suivant que le terrain où ils seront placés

DES CLÔTURES.

présente moins ou plus de consistance. En général, dans un terrain ordinaire, les pieux devront avoir au moins 0m,50 de hauteur de plus que le treillage pour lequel ils servent. On commence par les pieux d'angle, qui se posent à l'intersection des divers côtés du périmètre à enclore. Pour cela, on prend un montant de la hauteur du treillage, sur lequel on marque la hauteur dont le pieu doit sortir de terre, lorsqu'il est enfoncé : cette hauteur se prend sur le treillage depuis la première latte, jusqu'à 0m,08 au-dessous de la dernière. On fait un trou à l'avant-pieu, on enfonce ensuite le pieu à la masse, jusqu'à ce que son extrémité coïncide avec le repère tracé sur le montant étalon. Il faut toujours choisir la plus belle face des pieux pour y appliquer les panneaux, et les enfoncer parfaitement d'aplomb. Lorsque les pieux d'angle ont été mis en place, on les relie par un fil qui est tendu sur la face et placé à environ 0m,20 de terre, on coupe une latte à la longueur de l'écartement que l'on veut donner entre chaque pieu, on marque le long de la ligne l'emplacement de chacun d'eux, et l'on procède à leur mise en place, ainsi que nous allons le dire : la plus belle face tournée du côté de la ligne, en les penchant très légèrement en arrière de cette ligne afin de ne pas masquer l'alignement. De 10m en 10m environ, on pose d'abord des pieux dits de repère, exactement de la même façon que les pieux d'angle, on réunit leurs sommets au moyen d'un fil qui servira de niveau pour régler l'enfoncement des pieux intermédiaires. (Voyez fig. 105.)

Tous les pieux d'une même ligne étant placés, on pratiquera en terre, au ras de la ligne de face des pieux, une rigole qui servira à enterrer le peigne des panneaux, et dont la profondeur dépend des dimensions du treillage. On retirera les fils de tête, qui pourront servir pour les raccords des panneaux.

Les panneaux se posent sur la face des pieux; les lattes doivent toucher à ces pieux, en commençant la pose par le côté où sont tournées les habillures sur le dos des lattes. Le premier montant, placé du côté des habillures sur le dos du panneau, qui commence la pose, doit correspondre avec le pieu qui commence la ligne. On cloue la latte du haut au ras de la tête des pieux, maintenant le panneau bien d'aplomb, c'est-à-dire les montants verticaux; puis on cloue les autres lattes sur les pieux. Le premier panneau posé, on passe au second que l'on place à côté du premier, de façon à ce que le bout des habillures sur le dos vienne au ras du dernier montant du panneau posé, du côté des habillures sur la face. On assemble les habillures de la latte supérieure par deux liens de fil bien solide, on cloue cette latte comme la précédente, on vérifie l'aplomb du panneau, on termine les liens des habillures de toutes les lattes, et l'on continue comme pour le premier. Les autres panneaux se posent par le même procédé. (Voyez fig. 109 et 110.) Lorsque tous les panneaux du treillage sont posés, et les raccords faits, on rebouche la rigole en appuyant solidement la terre sur le treillage pour le consolider.

Le nivellement des sommets des pieux est subordonné aux accidents de terrain. Si le terrain est légèrement ondulé, on opère comme sur un terrain plat; si au contraire l'ondulation est très prononcée, il faut que le treillage épouse la forme du terrain. Dans les parties concaves ou convexes on aura soin que les têtes de pieux s'arrondissent avec grâce dans le sens voulu. Si les accidents de terrain étaient formés de rampants droits à pente douce, on briserait un peu les panneaux, pour qu'ils soient d'aplomb quand même; si enfin ces rampants étaient à pente raide, on calculera la pente par mètre, et on montera un panneau spécial d'épure avec cette pente, pour la confection de la portion de treillage correspondant à cette fraction de la clôture. Pour ce panneau spécial, il est bien entendu que la pente ne concerne que les lattes, les montants restant toujours d'aplomb.

Pour qu'un treillage soit bien tendu et ne gode pas, il faut le bander en clouant la latte du haut, et pour cela attirer la tête du pieu du côté où l'on pose le treillage et le lâcher doucement après avoir cloué. Lorsque les panneaux de clôture devront être manœuvrés plusieurs fois avant la pose, on fera bien de doubler les liens de fil de fer du premier et du dernier montant.

§ 2. Clôture en Échalas, dite Pâlis.

Ce système de clôture a beaucoup d'analogie avec le précédent. Les lattes sont ordinairement espacées entre elles de 0m,30; mais cette mesure varie avec la hauteur des échalas. Quant à l'écartement des montants, il dépend de la solidité et de la dépense que l'on veut donner au pâlis.

Le pâlis se monte presque toujours sur place, à cause du poids des échalas, qui entraverait forcément la manœuvre des panneaux, lesquels se déformeraient pendant cette opération. Il faut distinguer deux sortes de pâlis, suivant que les pieux servent ou non d'échalas.

Pâlis avec pieux ne servant pas d'échalas.

On procède dans ce cas à la pose des pieux, ainsi que nous l'avons décrit lors de la clôture en treillage. (Voyez fig. 108.)

On choisit ensuite les plus belles lattes, et on les place à terre en face et au pied des pieux à la suite les unes des autres, l'habillure sur le dos à gauche. Ces lattes, destinées à faire la tête du pâlis, sont clouées au ras de la tête des pieux en commençant par la gauche. On les assemble, on les tend, et l'on opère comme pour les panneaux de clôture, ainsi que nous l'avons dit.

Si la latte de tête posée est bien dressée sur une file de pieux bien alignés, on peut compter sur un pâlis de belle apparence. On prend ensuite un bout de la latte dont l'extrémité est traversée par un clou servant de crochet, et sur lequel on marque du côté opposé à ce crochet, les écartements des autres lattes de la clôture. On accroche à l'aide du clou ce bout repéré sur chacun des pieux où l'on reporte ces mêmes divisions ainsi que cela est indiqué fig. 110 dans la partie de droite. On cloue ensuite toutes les lattes sur un même pieu, faisant les raccords d'habillure à mesure de l'avancement, ces habillures étant toujours tournées à gauche. Lorsque le lattage sera achevé, on tracera la rigole au pied des pieux, on placera un certain nombre d'échalas de repère, cousus bien d'aplomb, un lien en dessus et un en dessous sur les lattes, qu'on redressera en même temps, en se servant de la règle à crochet pendue après la latte supérieure et dont les repères indiquent les points où se feront les coutures. A l'aide d'un fil de fer bien tendu, on figure la ligne de tête des échalas, comme le montre la fig. 110 et l'on coud les échalas intermédiaires, en alternant le sens des liens. Il n'y aura plus qu'à boucher la rigole en appuyant bien la terre pour consolider la clôture.

Pâlis dont les pieux servent d'échalas.

La ligne des pieux se posera de la même façon que dans le cas précédent, sauf toutefois que la face des pieux est tournée en dehors par rapport au côté où se trouveront les échalas, au lieu d'être en dedans, on leur donne ainsi $0^m,12$ de hauteur de plus que précédemment, parce que la tête des pieux se jalonne ici avec celle des échalas. On marque la place de la première latte à $0^m,12$ au-dessous de la tête des pieux, et on pose les lattes comme l'on a fait dans le pâlis précédent, en les clouant sur la face des pieux, c'est-à-dire en dehors par rapport à la clôture. On fait ensuite la rigole, et ici, non plus par devant la ligne des pieux mais dans la saillie qu'ils forment avec les lattes. A l'aide d'un fil de fer tendu sur la tête des pieux, on indique la ligne de niveau des têtes d'échalas, que l'on vient fixer par des coutures sur les lattes, ainsi que nous l'avons déjà indiqué plusieurs fois. (Voyez fig. 111.) On termine ce travail en refermant la rigole et en comprimant la terre.

Les échalas se plaçant dans l'épaisseur des pieux, il peut arriver que près d'un pieu tordu on soit obligé de couper un échalas afin de conserver l'écartement constant. (Voyez fig. 111 à droite.) On affilera le bout de l'échalas du côté du pieu. L'écartement entre le premier pieu et le premier échalas, devra naturellement être celui des échalas entre eux.

Lorsque dans l'un de ces systèmes, les échalas devront être jointifs, c'est-à-dire placés côte à côte, on aura bien soin en les préparant de les épointer moitié du petit bout, moitié du gros, afin de pouvoir conserver l'aplomb ; il faudra également dans ce cas dresser à la plane les côtés des échalas qui offriraient des parties convexes ou concaves ; si l'on oubliait ces deux précautions, on serait conduit à une malfaçon inévitable dans le travail.

La beauté d'un pâlis dépendant de la perfection dans les diverses parties, les marchandises doivent être bien préparées, la ligne des pieux bien dressée, enfin les échalas posés bien d'aplomb, les pointes se jalonnant bien, une imperfection dans une des parties du travail suffit pour le gâter tout entier.

L'expérience du treillageur peut introduire quelques modifications dans le travail, pour abréger la main-d'œuvre; mais les principes resteront les mêmes, et l'amateur ou le débutant devra, dans l'intérêt de l'exécution, s'y conformer entièrement.

Le pâlis est la plus solide des clôtures, surtout si l'on emploie de bons matériaux.

§ 3. Clôture mixte mi-partie treillage, mi-partie échalas.

Les clôtures de ce genre pourraient être appelées des clôtures en treillage, avec garni en échalas. Cette définition suffit presque seule pour expliquer ce travail, sur lequel nous pourrons donc être un peu plus brefs dans notre description.

Les panneaux de treillage ont ordinairement $1^m,65$, 2^m, et $2^m,33$ de hauteur. Ils se montent à l'épure ainsi que nous l'avons expliqué. Il n'y a qu'une petite précaution supplémentaire à ajouter. On prendra un échalas qu'on mettra côte à côte avec un montant de marque, le côté du peigne au même niveau, on trace sur l'échalas une marque à $0^m,12$ de la pointe qui correspond à la hauteur de la première latte du garni. Cette marque sera reportée sur le montant, et on opérera au-dessus d'elle la division pour l'emplacement des lattes, puis cette division sera reportée au-dessous de cette marque à la fois sur le montant et l'échalas.

Dans ce travail le treillage se nomme clôture, et l'échalas garni.

Voici les hauteurs ordinaires d'échalas correspondant à celles des montants du treillage.

Pour 1m,65 et 2m 1m,45
» 2m,33 . . . . 1m,65

La pose se fait en deux parties. On pose d'abord la clôture ou treillage simple, comme nous l'avons dit, puis sur le treillage on ajoute la garniture d'échalas, en ayant soin de tendre un fil de fer à 0m,12 au-dessus de la première latte du garni, qui donnera le niveau des têtes des échalas. Cette dernière pose se fait sur place, afin de faciliter la manœuvre des panneaux, qui seraient d'un trop grand poids, si on les garnissait d'avance. Ce genre de clôture est presqu'aussi solide que le pâlis, tout en étant plus léger à l'œil. Il présente aussi une certaine économie dans le prix de revient. C'est donc à tous les points de vue une clôture intermédiaire entre le treillage et le pâlis, participant à la fois des avantages des deux, moins chère que le pâlis, et qui aussi est fort goûtée par MM. les Architectes qui l'emploient fréquemment. (Voy. fig. 112.)

Dans toutes les diverses espèces de clôture (excepté dans les pâlis où les pieux servent d'échalas), on ajoute quelquefois pour les consolider, une double latte en tête, que l'on nomme *latte de recouvrement*. Elle se pose bien en face de la latte de tête, le plat de la latte s'appuyant sur le dos des montants (Voy. fig. 112), et est cousue tous les 0m,15 environ par un lien qui embrasse à la fois la latte du dessous, le montant et la latte de recouvrement. (Voy. fig. 113.)

§ 4. Treillage à la mécanique.

Il nous reste, pour terminer tout ce qui est relatif aux clôtures, à parler du treillage fait à la mécanique. Avant d'entrer dans la description des procédés de fabrication ou de pose, nous dirons un mot des qualités ou défauts qu'il présente par rapport au treillage à la main.

Ce treillage a surtout sa raison d'être dans les grands travaux, et dans les travaux provisoires où il faut marcher très vite. La facilité du transport dans les pays où l'on ne peut trouver de bois propre à ce travail, et où par suite les ouvriers de cette industrie font défaut, le rend doublement précieux. Quant à la question d'économie, il n'y a pas d'avantage pour ainsi dire, et si l'on tient compte que la solidité et la durée sont beaucoup moindres, que les frais d'entretien sont beaucoup plus élevés, on peut dire que le treillage à la mécanique est plus cher que le treillage à la main.

Les fabricants ont beau arguer de sa pose facile, et en tous lieux par n'importe quelles mains, cet argument est justement le plus propre à montrer au contraire les imperfections que peut présenter ce système. Toutefois, à cause de la rapidité de la fabrication et de la facilité d'expédition en un point quelconque, ce système rend, comme nous le disons, des services que l'on ne saurait méconnaître.

Une des grandes différences que présentent le treillage mécanique et le treillage à la main, c'est que les lattes sont remplacées par des fils de fer n° 9, tordus sur une longueur correspondant à l'écartement des montants, et formant au droit des montants un œil dans lequel ceux-ci sont plus ou moins serrés.

Les machines à fabriquer le treillage sont assez nombreuses, bien que toutes fondées sur un même principe assez simple comme on va le voir ; elles ont fait l'objet de divers brevets, il nous suffira d'en exposer le principe, qui permettra d'ailleurs de se rendre compte facilement du mode de fonctionnement d'un quelconque des divers modèles que l'on pourra rencontrer.

La machine est composée d'un châssis en bois monté sur des pieds. A une extrémité se trouve une grande traverse horizontale, au-dessus de laquelle sont disposées un certain nombre de roues dentées, dans un plan perpendiculaire à la traverse et suivant son axe. Sur l'arbre de ces roues qui est solidaire avec elles et perpendiculaire à leur direction, est montée une tige sur laquelle sont enfilées 2 bobines de fil de fer placées par conséquent de chacun des côtés de l'arbre de la roue. Les fils de ces bobines passent à travers des lumières, pratiquées dans un dé faisant corps avec l'arbre de la roue. Une autre traverse horizontale règne parallèlement à la première et enfin à l'extrémité se trouve un rouleau parallèle aux deux traverses. Une crémaillère glisse le long de la première traverse engrenant toutes les roues dentées, et déterminant leur rotation. Celles-ci dans leur mouvement entraînent les bobines et il est évident que si l'extrémité des fils de fer sortant des lumières a été fixée en un point, le mouvement qu'on imprimera à ces bobines produira la torsion des deux fils l'un sur l'autre.

Le nombre de tours donnés dans cette torsion, dépendra de l'amplitude du mouvement des roues, ou de celui de la crémaillère.

Ceci posé, il sera facile de comprendre comment à l'aide de cette machine on peut fabriquer du treillage. On fixe les extrémités des fils sur le rouleau et on passe entre eux une latte, puis on fait avancer la crémaillère, et l'on détermine ainsi une torsion sur une certaine longueur, on enroule alors cette portion de treillage sur le rouleau, on glisse entre les fils à la suite de la torsion une nouvelle latte, on produit une seconde torsion, on enroule de nouveau le treillage et ainsi de suite.

Les mouvements de la crémaillère et du rouleau sont produits par un levier, dont l'amplitude du mouvement de bascule détermine les longueurs correspondant dans la portion tordue des fils.

Les divers brevets qui ont été pris portent sur divers détails. Dans quelques machines, les mouvements de la crémaillère et du rouleau sont commandés par des leviers indépendants, ou des manivelles; dans d'autres, la manœuvre d'un seul levier produit successivement les deux opérations l'une à l'aller, l'autre au retour. Ajoutez à cela divers détails de construction pour maintenir les lattes bien en place pendant la torsion ; mais le principe d'ailleurs simple, comme on vient de le voir, est toujours le même.

Pose des treillages mécaniques.

Il faut distinguer deux cas, suivant que l'on dispose le treillage en rouleaux, ou en panneaux.

1° *Treillage en rouleaux.* — On commence par poser les pieux, ainsi que nous l'avons déjà expliqué, puis on cloue une latte sur la tête des pieux; au ras de la face, on trace la rigole, on déroule un rouleau à plat au pied de la ligne de face, le peigne du treillage le long de la rigole : puis relevant le commencement du rouleau à gauche, on attache la torsion du haut sur la latte clouée, et on cloue le premier montant sur le premier pieu, faisant attention qu'il soit bien d'aplomb. On se transporte à l'extrémité du rouleau qu'on relève en prenant la torsion du haut de la main gauche, et le peigne de la main droite, et en le faisant tourner autour de celle-ci, tendant bien sur la longueur; on attache la torsion du haut en tendant toujours bien, et on fixe par un clou tous les montants qui se trouvent en regard des pieux. Pour mettre bien d'aplomb l'ensemble et tendre les autres torsions, on se sert d'un morceau de bois mi-plat de $0^m,05$ d'épaisseur sur $0^m,08$ de long, qu'on nomme *tendeur*. On pose le morceau de bois entre deux montants et sur le côté du pieu, en faisant une pesée qui tend la torsion et permet de mettre le montant d'aplomb pour le clouer sur le pieu.

Le second rouleau se posera à la suite du premier, comme l'on vient de faire pour celui-ci, en faisant en plus les raccords des torsions; pour cela on replie les fils de fer dépassant les deux montants en regard, et on fait une boucle de l'un avec l'autre. (Voyez fig. 116 et 114.)

2° *Treillage en panneaux.* — On coupe un rouleau de treillage de 10^m, en cinq parties égales. On couche sur le bord d'une table une latte de 2^m, le plat en haut, et l'habillure sur le dos à gauche, de façon à ce qu'elle soit bien droite et on l'y assujettit par deux clous. On étend de même sur cette table une des portions du rouleau; la torsion du haut sur le milieu de la latte, on recouvre cette latte d'une seconde semblable, la face posée sur le treillage, l'habillure comme ci-dessus, emprisonnant ainsi la torsion. Avec des clous un peu longs, on cloue ensemble les lattes et les montants, en rivant les clous du côté où ils dépassent. Le panneau ainsi fait, on retirera un montant du côté de l'habillure du petit bout, et on opère la pose comme tout à l'heure, sauf qu'il n'est pas nécessaire de clouer d'avance une latte sur les pieux, on fixe celle que l'on a ajouté à la portion du rouleau, pour la transformer en un panneau. Dans ces deux poses, on met quelquefois une latte de recouvrement sur la dernière torsion, qui est clouée aux pieux. Des liens attachent à la fois les montants et la torsion sur cette latte. (Voyez fig. 117 et 115.)

Observations générales sur la pose de différentes clôtures.

Nous croyons utile de donner ici quelques renseignements, sur les usages qui règlent la pose des clôtures entre riverains, car leur ignorance ou leur oubli est souvent la cause d'une foule de contestations regrettables.

Les treillages et pâlis mitoyens, se posent de façon que le milieu de l'épaisseur de la clôture corresponde avec la ligne des axes des bornes limites des propriétés. La face de la clôture se pose ordinairement du côté du riverain qui en a fait la commande. Les clôtures non mitoyennes doivent être entièrement posées sur le terrain de celui qui se fait enclore, et tous les liens de fil de fer doivent avoir leur nœud de ce même côté, afin de ne pas gêner le voisin; par contre le voisin n'a aucun droit de se servir de ce treillage en quoi que ce soit. Dans une propriété enclavée, que l'on fait enclore, le treillage ne peut avoir de porte ou d'ouverture qu'aux endroits où se trouve un passage de servitude. Dans les clôtures non mitoyennes et, où les pieux servent d'échalas, le propriétaire de cette clôture ne peut dans les réparations mettre des pieux du côté du voisin.

La pose d'une clôture sur une rue ou un chemin, donne lieu aux formalités suivantes : Demande de permission d'enclore et d'alignement, sur une feuille de papier timbré de 0,60, adressée à la mairie, en attendant que le géomètre ou l'agent-voyer vienne fixer cet alignement. Cette formalité est indispensable, car non-seulement son oubli peut avoir pour conséquence le déplacement de la clôture, ce qui est assez coûteux, mais de plus une contravention en simple police accompagnée d'une amende.

Ces usages presque généraux, et si faciles à observer, ne devront jamais être mis en oubli, car les procès qui surgissent pour ces questions, sont souvent longs et très dispendieux.

CHAPITRE IV

TREILLAGES A MAILLES DÉTERMINÉES.

Treillages à maille rectangulaire, oblique,
en losange et en ogive.

§ 1. Treillage à maille rectangulaire.

Dans ce treillage et les suivants que nous allons décrire, qui sont en général destinés à couvrir des espaces de dimensions déterminées, travail dans lequel il faut superposer plusieurs rangées de panneaux, on mariera la longueur des bois de façon à chercher à produire le moins de perte.

Les treillages à mailles rectangulaires se montent d'après les principes que nous avons développés dans la description du treillage de clôture; il est d'usage dans ce treillage de donner à la maille $0^m,03$ de hauteur de plus qu'elle n'a en largeur.

1° *Panneau d'Épure.* — Je suppose que la partie à couvrir mesure 10^m de hauteur sur une longueur indéterminée, le panneau d'épure devra avoir 3^m de long sur 3^m de large. On prendra pour faire les mon-

TREILLAGES A MAILLES DÉTERMINÉES.   91

tants et les lattes de marque, du treillage de 3m de long habillé du petit bout sur la face du gros bout sur le dos et bien dressé ; on dressera le panneau ainsi que nous l'avons indiqué, en observant les deux précautions suivantes : ne poser la première latte sur le haut qu'à 0m,10 environ du bout de l'habillure, et laisser en bas du côté de l'habillure sur le dos l'ouverture d'une maille sans mettre de latte. Ce panneau appartient à une rangée du milieu, lorsque l'on posera le treillage, cette ouverture de maille viendra se placer en coïncidence avec la latte supérieure du panneau placé au-dessous, et les 0m,10 d'habillure que l'on a laissés aux montants de ce dernier panneau, viendront s'assembler avec les habillures sur le dos. Les quatre côtés d'un panneau construit sur cette épure sont disposés en raccord, en habillure sur la face à droite et en haut, et en habillure sur le dos à gauche et en bas. La hauteur se mesure à partir de l'extrémité des habillures du bas jusqu'au-dessus de la latte du haut.

Reprenant l'exemple que nous avons donné, nous allons faire le calcul des panneaux qu'il faudra construire.

La hauteur est de 10m,00
Il faut en hauteur :
2 rangées semblables à celles faites sur le panneau d'épure en habillures sur les quatre faces, soit 2 × 290 =. . . 5m,80
1 rangée du bas faite aussi sur ce panneau, mais sans habillure à sa partie inférieure, ... 2m,90

92 TREILLAGES A MAILLES DÉTERMINÉES.

1 rangée dans le haut, mais sans habillure dans la partie supérieure et qui n'aura comme hauteur que . . . . 1m,33.

Total 10m,03

Les deux rangées semblables se feront exactement sur le panneau d'épure. La rangée du bas pourra aussi s'y établir, seulement les bouts du bas des montants ne seront pas habillés, et formeront le peigne. La rangée supérieure se fera encore sur le panneau d'épure, en la montant de bas en haut, sur la hauteur voulue et sans habillure en haut de sorte qu'elle est terminée par une latte.

Lorsqu'un pareil treillage posera non plus sur la terre mais sur un rebord de pierre, par exemple, on placera une latte au bout du peigne, et pour que cette maille ait la même hauteur que les autres, on aura le soin de descendre tous les montants de l'épaisseur d'une latte.

Le mode de raccord, est ainsi qu'on le voit, des plus simples et cependant il donne des résultats excellents, car avec un travail bien exécuté, quelle que soit son étendue, on ne saurait distinguer autre chose qu'un seul morceau. Telle est la clef de tous les procédés de raccord, dans le montage des grandes parties. On aura toujours soin, avant d'enlever un panneau du mur d'épure, de le repérer à gauche avec une scie à main, pour indiquer par un numéro ou un signe, à quelle rangée horizontale il appartient.

Ce genre de treillage s'emploie en espalier et contre-espalier, pour dresser les arbres fruitiers; il

TREILLAGES A MAILLES DÉTERMINÉES. 93

s'emploie aussi pour couvrir les murs et pignons donnant sur un jardin. (Voyez fig. 118 et 119.)

Revêtement en treillage à maille rectangulaire.

Nous allons donner à propos du treillage, représenté fig. 119, quelques explications, qui feront encore mieux saisir les diverses opérations dont se compose ce travail. Les mailles de ce treillage ont une grandeur fixe, soit 0^m,22 sur 0^m,25. Dans un semblable travail composé de plusieurs panneaux, on choisit toujours pour panneau d'épure celui qui occupera la plus grande superficie. Dans le cas actuel ce sera un panneau carré mesurant 2^m,50 sur 2^m,24, et c'est sur ces mesures qu'on établira le panneau d'épure.

Voici la succession des diverses opérations qu'il faudra exécuter. Prendre du bois de 2^m,33, habillé du petit bout sur la face et dressé pour les montants; et du bois de 2^m,66 également préparé pour les lattes. En marquant les lattes d'épure, laisser l'épaisseur d'un montant sur la gauche pour faire un talon.

On nomme *talon*, les côtés d'un panneau qui ne sont pas en habillures, et qui se terminent par un montant ou une latte qui l'encadre.

Le panneau d'épure portera une habillure sur le côté droit et en haut. Le côté gauche sera encadré, et le bas en peigne; il mesurera d'une part, 2^m,50 de longueur, à partir de la gauche du montant d'encadrement jusqu'à la droite du dernier montant près de l'habillure, celle-ci sur le dos à gauche; de l'autre 2^m,24 de hauteur, à partir du bas du peigne

94 TREILLAGES A MAILLES DÉTERMINÉES:
jusqu'au-dessus de la latte supérieure avant l'habillure.

Le panneau d'épure terminé, on marquera sur le montant du milieu à partir de la seconde latte du bas, 1m,26, qui est la hauteur de la pointe du pignon. (Voyez fig. 119, la ligne ponctuée, la ligne A' A", et le point A.) A l'aide d'un cordeau, on fouettera deux coups pour joindre les points A, A'; A, A"; on fera ensuite un panneau sur le triangle A A' A", encadré sur les deux côtés rampants, et habillé par en bas.

A la pose, ce panneau triangulaire sera placé au-dessus du panneau d'épure; il est bien entendu que l'habillure de ce dernier panneau doit araser à la ligne ponctuée A' A". Quand il sera terminé on le retirera des murs d'épure, et au violon on coupera tous les bouts de treillage qui dépasseraient les lattes d'encadrement des parties rampantes. C'est ce que l'on nomme *araser* un panneau.

La partie rectangulaire qui se trouve sur le mur à droite du grand pignon, se fera également sur le panneau d'épure. Elle mesure 1m,50 sur 2m. On choisira pour montants des bois de 1m,50, dressés seulement, et pour lattes, des bois de 2m habillés sur le dos du gros bout et dressés, puis on tracera sur le montant de gauche de l'épure 1m,50 à partir du bas du peigne et la largeur 2m à partir de la droite de ce montant. Ce panneau sera encadré et arasé sur la droite et en haut, avec habillure sur la gauche, et avec peigne par le bas.

TREILLAGES A MAILLES DÉTERMINÉES. 95

Ces trois panneaux couvriront d'une seule pièce le mur représenté fig. 119.

La figure 118 montre un panneau à maille rectangulaire pour contre-espalier. Il se présente d'une façon analogue au treillage de clôture, ayant en plus les encadrements sur les trois côtés visibles après la pose.

Observations sur le travail de la maille rectangulaire.

Une recommandation sur laquelle nous insistons, c'est la nécessité avant d'entreprendre un semblable travail, de bien le discuter, pour employer d'une façon judicieuse les bois en magasin, en cherchant à produire le moins de perte possible avec les mesures que présentent ces bois. D'une étude attentive dépend l'économie de la matière première et de la main-d'œuvre, sans compter qu'un travail bien préparé, et conduit ensuite d'un seul coup, sera toujours beaucoup plus parfait que celui où des tâtonnements, de fausses mesures, causent des changements plus ou moins multipliés.

Pour que la maille rectangulaire soit bien faite, il faut préparer avec soin le treillage que l'on emploie, bien diviser les lattes et les montants, surtout pour ceux qui servent à établir le panneau d'épure, afin d'obtenir un modèle où la maille soit la plus régulière possible ; avoir le soin de laisser les marques à droite sur les lattes en plaçant les montants, et en dessus des montants en plaçant les lattes. Coudre solidement les panneaux, en faisant une rangée de fil en dessus puis une en dessous, pour que les panneaux n'éprouvent aucun dérangement dans les manœuvres qu'ils subiront. Lorsque l'on monte un panneau sur celui d'épure, placer les montants et les lattes bien en face des modèles, les habillures bien appareillées. Ces recommandations que nous répétons encore ne sont pas superflues, car, si on les omettait, les divers panneaux ne seraient plus semblables, et lors de la pose on ne pourrait obtenir dans les raccords la justesse qui constitue la perfection de ce travail. Inutile de dire que ces panneaux devront être manœuvrés avec de grandes précautions.

Pose de la maille rectangulaire, sur mur ou en contre-espalier.

Afin de mieux préciser les détails de la pose d'un treillage à maille rectangulaire, nous allons continuer la description du travail représenté fig. 119.

On commence par le panneau triangulaire ; si les mesures ont été bien prises, il doit aller sans retouches. On devra faire une grande attention à ce que les montants soient bien d'aplomb ; afin de le fixer sans déranger cet aplomb ; on se servira de clous à crochets comme les clous à épure, placés sous les lattes au ras des montants, et qui maintiendront dans une position bien fixe, pendant le temps nécessaire à sa pose définitive sur le mur.

On met ordinairement, pour fixer un treillage à maille rectangulaire sur un mur, 3 clous pour 2^m superficiels. Lorsque ce panneau sera bien fixé, on placera celui qui va au-dessous, l'encadrement de gauche au bas du rampant de gauche de la partie triangulaire, les habillures du dernier panneau, passant sous celles du panneau déjà posé, les montants bien d'aplomb. Dans le cas actuel, si les mesures ont été bien prises, et l'exécution bien conforme, le pignon tout entier se trouvera recouvert, et les habillures du panneau triangulaire descendront au ras de la première patte du panneau rectangulaire. On clouera alors ce panneau en plein, et on fera les raccords d'habillure. On posera le dernier panneau de droite de la même façon.

S'il s'agissait d'un treillage à maille rectangulaire, pour contre-espalier, ainsi que le représente la fig. 118, on procéderait pour la pose, ainsi que nous l'avons expliqué pour la pose d'un panneau de treillage de clôture.

Observations sur la pose des treillages à maille rectangulaire.

Ce travail demande beaucoup de soins, il faut pour qu'un treillage soit bien posé, que tous les montants soient d'aplomb, tout en se profilant sur toute la hauteur du travail. Les lattes devront être bien de niveau et se profiler également dans toute la longueur du travail. Il faut dissimuler les clous à crochet autant que faire se pourra, et, pour cela, on les placera dans les angles sous les lattes, ce qui d'ailleurs peut contribuer à assurer la solidité du travail. Les raccords d'habillure seront faits chacun avec deux liens de fil solide.

Dans le treillage peint, on devra conserver à l'atelier une certaine quantité de la teinte appliquée sur les panneaux, pour en repasser sur les raccords et les têtes des clous, afin de mieux les dissimuler.

Les raccords bien faits doivent être impossibles à découvrir à moins d'un examen attentif et fait de près. Enfin un treillage bien cloué ne doit pas goder et s'appliquer partout exactement sur le mur.

Observations sur les mailles rectangulaires.

Les principes que nous venons d'exposer à propos de cet exemple simple, suffisent parfaitement pour apprendre à conduire un travail quelconque dans ce genre quel que soit le bois employé. Toutefois pour le bois plané, de sciage, le rotin ou le jonc, il faut pour les divisions diminuer l'ouverture de compas de la différence qui existe entre le bois ordinaire et ces bois particuliers.

Le treillage cloué se monte sur une épure tracée horizontalement sur une grande table, que supportent des tréteaux, et assez solide pour pouvoir résister sous les coups de marteaux, *pour tenir coup* suivant l'expression employée. Le mode de procéder est d'ailleurs le même. On cloue sur le milieu des montants et des lattes et quand le panneau est cloué, on le retourne pour river les clous. Enfin pour que le panneau se tienne en l'enlevant, on mettra deux clous au lieu d'un, après les deux montants et les deux lattes d'extrémité.

Le treillage en rotin se monte de la même manière : soit en le cousant au fil, soit en le clouant. Il se fait en jonc rond ou refendu, et s'emploie pour les travaux d'ornements intérieurs ; on l'encadre assez généralement avec des baguettes de jonc fendu en deux, et une baguette de bambou également fendue. Exécuté avec soin, ce travail est très coquet. Les arasements du rotin se font avec le sécateur, les coupes d'onglet du bambou devront être faites avec soin afin d'obtenir des jonctions précises.

Le bambou se fend assez facilement, de plus c'est une marchandise assez chère, il faut donc prendre de grandes précautions pour ne pas subir de pertes ; ainsi avant d'enfoncer un clou il sera bon de percer un petit trou avec une vrille. Enfin pour des travaux de ce genre un peu délicats, on les exécute généralement sur place, afin d'éviter les pertes coûteuses de toutes sortes.

§ 2. Treillage à maille oblique à 45°.

La maille oblique ne s'emploie que pour garnir les espaliers, ou contre-espaliers, elle sert à diriger les arbres fruitiers suivant des lignes obliques. Les panneaux sont toujours établis sur toute la hauteur à couvrir ; les raccords ne se font que latéralement.

Panneau d'épure.

Diviser et marquer trois montants préparés ayant la hauteur du treillage à faire. Ces montants ne sont que provisoires, et servent à maintenir l'écartement des lattes. Ces lattes reçoivent ensuite une division égale à celle pratiquée sur les montants provisoires et qui correspond à l'écartement que l'on veut donner aux montants obliques. Monter les lattes sur les trois premiers montants comme on a opéré pour la maille rectangulaire, en dessous les habillures sur le dos en divisant les marques du milieu et les autres suivant les lattes d'extrémité. Admettons que les montants obliques soient penchés vers la gauche, on les met en place suivant les divisions tracées, les bouts n° 1, 2, 3, 4, 5, habillés sur la face et dépasseront la latte d'environ 0m,10; les bouts 8, 9, 10, habillés sur le dos viendront se terminer du côté de l'habillure au ras de la première latte de marque à droite. Les autres montants iront de haut en bas, on remarquera que les bouts n° 1 et 7 n'ont pas été placés, ils se trouvent formés par les montants n° 5 et 10 et prolongés le premier en haut, le second en bas, et qu'ils combleront les vides. Les autres montants seront arasés suivant les lattes extrêmes. On coud solidement les lattes et les montants obliques par des liens en dessus.

Le panneau d'épure terminé, on fera dessus tous les autres panneaux en ayant soin de mettre les montants provisoires, qu'on ne retire qu'au moment de la pose.

Si l'obliquité du treillage était vers la droite au lieu d'être vers la gauche, on n'aurait qu'à changer l'inclinaison des montants obliques. (Voyez fig. 120).

Pose du treillage oblique.

La pose se fait en commençant toujours vers la gauche si cela est possible, on retient les montants provisoires au moment de la pose de chaque panneau qui se fixe et se raccorde sur le premier comme dans le treillage à maille rectangulaire.

On apporte quelquefois, dans le travail que nous venons de décrire, une modification destinée à apporter une certaine économie dans les bois, et surtout à éviter d'avoir à couper une série de montants suivant des longueurs inégales.

Supposons que dans la figure 120 on numérote les montants obliques en partant du premier à gauche jusqu'au dernier posé à la partie supérieure à droite, depuis 1 jusqu'à 15 inclusivement, si on n'a pas posé les cinq premiers montants de 1 à 5, qui n'ont comme largeur dans les panneaux d'épure qu'une partie de longueur des montants compris de 6 à 10, et qu'en revanche, on ait pour les n⁰ˢ 11 à 15 posé des montants entiers de même longueur que ceux numérotés 7 à 10, il est évident qu'ils dépasseront le panneau sur la droite et viendront dans le vide de l'épure présenter des bouts égaux dépassant aux parties portant les n⁰ˢ 1 à 5. Le premier panneau se prépare en entier, c'est-à-dire suivant le panneau d'épure, mais avec les montants prolongés depuis les n°s 11 jusqu'à 15, les autres panneaux se disposent, avec la modification que nous venons d'indiquer, c'est-à-dire que l'on ne met que les montants portant les n°s 6 à 15 mais tous de même longueur. Il est évident que dans la pose on refermera le réseau complet des montants, et que ce mode d'exécution présentera des avantages sur le premier. Il n'est pas besoin d'expliquer que dans le dernier panneau, les montants 11 à 15 devront être arasés suivant l'extrémité des lattes.

Ce mode de treillage est peu employé. Cependant pour certains jardins fruitiers, où l'on cherche à conduire les arbres en cordons obliques d'une façon très régulière, il peut rendre des services ; c'est pourquoi nous avons donné sa construction que les amateurs pourront d'ailleurs exécuter eux-mêmes assez facilement.

§ 3. Treillage à maille en losange.

Avant de décrire les procédés de fabrication de pose de ce genre de treillage, nous donnerons quelques renseignements préliminaires. En général la hauteur des bois à employer se calcule en ajoutant $0^m,15$ par chacun des mètres de hauteur du treillage à faire ; cependant cette règle n'est pas absolue car souvent pour éviter des pertes on couche plus ou moins la maille.

TREILLAGES A MAILLES DÉTERMINÉES. 103

On entend par ouverture d'une maille en losange, la distance entre deux montants prise sur une perpendiculaire abaissée d'un point du montant du haut, jusqu'au montant inférieur suivant, ainsi que le montre la figure 121. Ceci posé, pour diviser les lattes du losange, on ajoute à l'ouverture de la maille :

$0^m,04$ pour le bois ordinaire,
$0^m,03$ pour le bois plané et de sciage,
$0^m,02$ pour le rotin et le bambou,

c'est-à-dire, que pour du bois ordinaire par exemple, si la maille doit avoir $0^m,10$ d'ouverture, on donnera au compas une ouverture de $0^m,14$ pour tracer les divisions sur les lattes.

Dans la maille en losange, la division des montants doit être au moins moitié plus grande que celle des lattes, pour obtenir une maille gracieuse à l'œil. Ainsi si on divise les lattes suivant la mesure de $0^m,14$, on divisera les montants suivant la mesure de $0^m,21$.

Épure de la maille en losange.

On emploie dans la maille en losange, trois sortes de raccords :

1º Le raccord droit ;
2º Le raccord en coupe de section ;
3º Le raccord à queue.

Nous allons les décrire successivement et en détail.

1° *Raccord droit.*

Le premier est le plus employé dans les grandes parties de treillage, il permet d'utiliser les déchets ou bouts de treillage qui n'auraient pas leur utilisation autre part, de plus il permet encore de faire de grandes parties quoique faciles à manœuvrer. Il y a trois manières de faire une épure.

1re Manière. — Prenons un exemple, soit par exemple à couvrir un espace comme celui figuré fig. 122, la maille en losange de 0m,10 d'ouverture. Les traits ponctués tracés sur la figure 123, montrent les divers panneaux à faire.

Sachant que la hauteur totale est de 6m,90, nous aurons pour la hauteur des bois à employer :

6m,90 plus 0m,15 × 6m,90 soit . . .	7m,93
à quoi il faut ajouter pour les deux habillures et l'arasement, si on suppose trois panneaux en hauteur. .	0m,40
soit hauteur totale.	8m.33

On établira trois rangées de panneaux :

Soient 2 rangées en bois de 3m, faisant en maille de 0m,10 comme hauteur réelle.	5m,10
1 rangée de 2m,33	2m,00
	7m,10

Si de cette hauteur 7m,10 on retranche, la hauteur pour les deux habillures, soit.	0m,20
on retrouve.	6m,90

qui est bien la hauteur à couvrir.

TREILLAGES A MAILLES DÉTERMINÉES.

Voici maintenant la façon dont on devra conduire le travail : On commencera par le panneau de 3^m de hauteur. Choisir deux belles lattes de 3^m habillées sur le dos et sur la face et dressées, les diviser au compas ouvert suivant la mesure de 0^m,14 en prenant les précautions suivantes : laisser du côté gauche sur l'habillure du dos l'épaisseur d'un montant, tracer à partir de ce point les divisions espacées de 0^m,14 en laissant encore du côté de l'habillure du petit bout sur la face environ 0^m,10 pour l'assemblage. On opère d'abord sur une latte et on divise la seconde sur la première. Les placer horizontalement sur l'épure de façon qu'il y ait une distance de 2^m,50 entre les deux côtés intérieurs parallèles des lattes, la gauche des marques des épaisseurs des montants posée bien d'aplomb.

Prendre ensuite deux montants, y tracer cette longueur de 2^m,50 et la diviser en parties égales les plus voisines que possible de 0^m,21 chacune, ce que l'on fera par tâtonnements successifs en partant d'une ouverture de compas de 0^m,21. Les mettre en place, celui de gauche courant les épaisseurs indiquées sur les lattes, celui de droite placé à la dernière marque qu'il laissera à sa droite. On formera ainsi une figure analogue à celle représentée figure 124. Dans le cas qui nous occupe le panneau exécuté sera encadré à gauche et en haut et en habillure à droite et en bas, aussi est-il indispensable pour la facilité du travail de placer du côté des habillures une latte et un montant provisoire, indiqués sur la figure 124 aux traits ponctués, que l'on coudra solidement pour éviter tout dérangement dans les manœuvres. Il est aussi utile de remarquer que cette latte et le montant provisoire sont placés entre deux marques, afin de n'apporter aucune gêne, pour les coutures dans la suite du travail.

On aura bien soin, une fois ce cadre achevé et le travail mis en train, de choisir judicieusement ses bois, le plus faible et le moins beau réservé pour les dessous, et le meilleur pour les dessus, petite précaution indispensable si l'on veut obtenir un travail satisfaisant.

Dans le panneau d'épure et dans toute la première rangée de panneaux sur le mur à couvrir, les montants seront habillés du gros bout sur le dos. Commencer par la gauche du panneau d'épure et par les montants de dessous, c'est-à-dire par ceux qui sont inclinés de droite à gauche (Voir fig. 124), les placer d'abord sur la latte inférieure du cadre, la marque correspondante restant à droite, puis sur le montant de gauche la marque ici recouverte au milieu et devront dépasser en haut et en bas les limites du cadre de 0^m,05 et seront habillées sur le dos et la face. En supposant les montants que l'on pose numérotés sur le cadre, en partant de la latte inférieure et marchant de gauche à droite, on pose toujours ainsi les n°s 3, 4, 5, 6, 7, 8, 9, 10 et 11. Placer de même les montants toujours du dessous, n°s 20, 21, 22, 23, 24, 25, 26, 27, 28. On remarquera que ces premiers montants ont tous des hauteurs différentes plus petites que la hauteur de 3^m calculée sur la grandeur des panneaux. Il est bon pour faciliter le tra-

TREILLAGES A MAILLES DÉTERMINÉES.

vail dans les autres panneaux de préparer d'avance aux longueurs nécessaires, les divers montants écourtés et d'en faire des bottes par grandeurs spéciales.

Poser ensuite les montants entiers de 3^m de hauteur, et portant les n°s 11 à 19. Le panneau se trouve alors pourvu de tous les montants de dessous.

Les montants de dessus allant dans le haut du panneau seront habillés sur la face et ceux qui vont dans le bas seront habillés sur le dos. On commencera par en placer quelques-uns formant repères et assujettissant le panneau, soit par exemple les montants numérotés 14 et 18, 22, 26, 10 et 15, la marque posée à droite sur les lattes du cadre et au milieu pour les montants. Il faut bien examiner ce que l'on fait en posant les premiers montants de dessus, prendre bien soin de laisser autant de divisions en haut qu'en bas, afin que la maille soit ainsi bien d'aplomb, et les raccords bien faits. On dit qu'une maille losange est d'aplomb, lorsqu'en posant un fouet de fil à plomb sur une marque de la latte supérieure, il recouvre la marque correspondante de la latte inférieure, en passant par les milieux des croisements de tous les bois.

Lorsque ces repères auront été posés d'aplomb, bien vérifiés, on les fixera par quelques coutures, puis, avec un fil à plomb, blanchi à la craie, on fouettera le passage des montants à mettre sur ceux déjà posés, en tendant le fil sur deux marques correspondantes des lattes extrêmes. Les coutures se font tous les deux ou trois rangs de maille d'abord, puis en plein ensuite.

On remarquera (fig. 124) que les bouts de dessous n° 2 et 29, non plus que ceux de dessus n° 11 et 29, n'ont pas été posés. Ils sont remplacés dans la pose par les dessous n° 11 et 20 et les dessus 2 et 29 d'un autre panneau qui sont prolongés pour remplir les vides que forme cette lacune. On opère ainsi afin de ne pas employer trop de petits bouts et n'avoir pas des raccords d'habillure les uns sur les autres.

2e *Manière.* — On forme d'abord le cadre des lattes et montants de marque, comme dans le cas précédent. Puis, à l'aide du fil à plomb blanchi, on fouette sur l'épure l'emplacement de tous les montants obliques, en s'y prenant de la façon suivante :

Pour les dessous, tendre le cordeau sur le montant A et la latte A, aux points où les marques rencontrent l'arête inférieure des côtés du cadre; sur le montant A à 0^m,015 au-dessus du point où la marque rencontre l'arête intérieure et sur la latte A' comme sur la latte A.

Pour les dessus, tendre le cordeau aux mêmes points sur les deux lattes et le montant A', sur le montant A A' 0^m,015 au-dessous du point où la marque rencontre l'arête intérieure du cadre. Lorsque les traits seront fouettés, l'épure sera achevée A', il n'y aura plus qu'à placer les montants en laissant toujours le trait de repère à droite. On opère comme dans la première manière.

3e *Manière.* — On ajoute dans le cadre une latte intermédiaire par mètre de hauteur du cadre, deux dans le cas actuel, disposées parallèlement aux lattes extrêmes et de façon qu'à chaque extrémité l'axe de la latte coïncide avec la marque sur le montant. Les montants obliques du panneau se poseront alors comme tout à l'heure, et ce sont les marques des lattes intermédiaires qui viennent en guise de repères, remplacer les lignes fouettées aux cordeaux employés dans les deux premiers cas. Ces lattes intermédiaires se retirent quand le panneau est terminé.

Ces trois manières sont également bonnes, et conduisent toutes au même résultat. Cependant la seconde présentera peut-être le travail sous une apparence plus commode, surtout pour un débutant.

Le panneau dont nous venons de décrire la confection est celui qui porte le n° 1 dans la fig. 122, il est encadré à gauche et en haut, en habillure sur les autres faces.

Le n° 2 sera encadré en haut, en habillure sur les trois autres faces, il s'exécutera comme le précédent sur le panneau d'épure, en mettant les montants et la latte inférieure du cadre comme provisoires.

Les grands montants seront habillés du gros bout sur le dos, les petits bouts de dessus à droite, ceux de dessous à gauche, habillés sur la face, enfin les petits bouts de dessus à gauche, et ceux de dessous à droite, habillés sur le dos. D'ailleurs cette règle est générale pour tous les raccords latéraux. Le panneau terminé, on le retire de l'épure en prenant garde qu'il ne soit mis à reposer sur les habillures crainte de les briser. Il faut avoir bien soin que les croisements des habillures soient bien pareils à

Treillageur, 2ᵉ partie. 7

ceux du panneau d'épure pour obtenir une régularité complète dans les raccords lors de la pose.

Le n° 3 est en tout semblable au n° 2.

Le n° 4 est encadré en haut et à droite en habillure à gauche et en bas.

Le n° 5, premier panneau du second rang, est encadré à gauche, en habillure sur les trois autres faces; il se monte avec des montants de 2^m,33. Voici comment on emploiera le panneau d'épure pour monter ceux de cette rangée. On bat un coup de cordeau sur les secondes marques, en partant du haut des deux montants; et un au-dessus de cette première, distante de 0^m,05. On remplace la latte supérieure du cadre par une autre suivant la hauteur actuelle et montée comme précédemment, en prenant pour limite de croisement des habillures supérieures la dernière ligne fouettée. (Voy. fig. 126, les traits indiqués en ponctué.)

Les n°s 6 et 7 seront en habillure sur les quatre faces, les lattes et montants sont donc tous provisoires.

Le n° 8 est encadré à droite, en habillure sur les autres faces.

Le n° 9, premier panneau de gauche de la rangée inférieure, est encadré à gauche, en peigne dans le bas, en habillure sur les autres faces; il se montera sur le panneau d'épure établi pour la première rangée.

Le n° 10 n'aura que 2^m,42 de longueur au lieu de 2^m,92 pour laisser l'emplacement d'une ouverture de passage dans le treillage. Il sera encadré à droite

TREILLAGES A MAILLES DÉTERMINÉES.   111

pour former la rive de cette ouverture, en peigne par le bas, habillé sur les deux autres faces. Pour le faire, on battra sur le panneau d'épure au cordeau un trait pour indiquer l'emplacement du montant de droite. (Voy. fig. 125 le trait ponctué vertical.)

Le n° 11 aura également 2ᵐ,42 de longueur, seulement l'encadrement sera du côté gauche, pour former la seconde rive de l'ouverture. Il s'établira d'ailleurs comme le précédent.

Enfin le n° 12 sera encadré à gauche, en peigne par le bas, habillé sur les deux autres faces, et établi sur le panneau primitif d'épure.

Tous les panneaux montés, il faudra araser toutes les parties encadrées, en coupant à la scie à main d'onglet au ras des montants et des lattes à encadrer, les bouts de treillage de dessus qui dépassent. L'extrémité de ces parties de treillages ainsi coupées, doit venir affleurer les lattes ou montants qu'ils encadrent.

2° *Raccord en coupe de section.* — Nous allons indiquer les modifications apportées dans le précédent travail, si l'on avait adopté ce mode de raccord.

Les rangées sont disposées de la même façon, et l'épure se fait de même. La différence provient de ce que l'on ne fait pas de raccords de côté.

En nous reportant à l'exemple qui a servi à la description relative au cas du raccord droit, on fera une épure de 7ᵐ environ de longueur, en n'employant que des montants de même longueur, le côté droit du panneau ainsi formé, aura donc des montants en dessus et en dessous qui dépasseraient l'encadrement. C'est ce que l'on nomme *faire des queues*.

Lorsque ce panneau sera cousu en plein, on portera deux mesures à partir de la gauche comprises entre 2^m,90 et 3^m, de façon que le point de division, soit sur une verticale reliant une série de sommets des mailles, on coupera le panneau au milieu du croisement des bois à la seconde marque de façon que l'épure ait environ 6^m. Le bout du panneau que l'on a séparé à droite se reportera sur l'épure, la coupe de section placée au ras du dedans du montant d'encadrement de gauche, les lattes haut et bas bien en face de celles de l'épure, et on continuera le panneau en se servant du bout que l'on vient de poser, afin qu'à la pose on obtienne une jonction parfaite entre le panneau précédent et celui que l'on va établir.

Une précaution indispensable à prendre dans ce travail, c'est donc de numéroter avec soin les panneaux au fur et à mesure qu'on les établit, pour profiter de cette certitude dans les raccords que la moindre confusion viendrait complètement détruire. Chaque panneau devra porter deux repères, un pour la rangée, un pour le n° d'ordre dans cette rangée.

Dans les petits travaux, on n'emploie pas ce mode de raccord, mais lorsque l'on a à recouvrir une grande longueur, et si on peut disposer d'un champ d'épure proportionnée, il y a tout avantage. La pose demande beaucoup de soins et d'habitude. Il y a une économie sur la main-d'œuvre.

TREILLAGES A MAILLES DÉTERMINÉES.

Observations
sur la façon de monter et de poser les treillages à mailles en losange avec raccords droits, ou en coupe de section.

Tout ce qui a été dit plus haut au sujet du treillage à maille rectangulaire, s'applique également dans le cas actuel, sauf toutefois pour les liens de fil de fer que l'on fait ici tous pareils. Ajoutons quelques renseignements pour compléter ces détails.

Il faut avoir le soin de ne pas mettre plus de 0^m,05 de croisement aux habillures, attendu que dans la pose comme il y en a deux semblables on obtient ainsi 0^m,10 d'assemblage, ce qui est plus que suffisant. Il faut observer aussi lorsque son panneau arrive par le bas *en demi-section*, (on appelle ainsi le croisement des bois qui se trouve entre deux marques de montants droits), de marquer cette rangée afin de faire celle qui suit au-dessous avec un raccord en demi-section par le haut. Le raccord de deux panneaux l'un en demi-section, l'autre en section entière donnerait lieu à un croisement trop grand et par suite à la perte en hauteur d'une demi-section. Il faut avoir toujours le soin de faire les liens en fil de fer semblables avec pesée par le haut, sinon on compromet la solidité et de plus, les liens ne se profilant pas bien, l'effet produit serait désagréable.

Les bois devront être bien habillés et bien dressés, l'oubli de cette précaution donne lieu à un travail irrégulier d'une pose excessivement difficile.

Lorsque dans la mise en place, on aura à la base une assise de niveau, on commencera par cette partie, autrement il est toujours préférable de commencer par le haut. On croise les habillures latérales, en ayant soin que celles sur la face recouvrent celles sur le dos, bien observer les aplombs, clouer et attacher avec deux liens les croisements d'habillure.

La pose du treillage avec raccord de section, se fait de la même façon, rapprochant bien exactement les raccords de coupes que l'on serre au milieu par un lien bien solide.

Pour ne pas compliquer la pose, il faut manœuvrer avec soin les panneaux, afin de les déformer le moins possible ; c'est pour placer les raccords de croisement que l'on doit porter le plus d'attention, afin de ne pas *perdre de mailles*. On dit que l'on perd une maille, lorsqu'un montant de dessus ou de dessous reste après avoir fait tous les raccords. Les panneaux déformés, mal faits, hors d'aplomb, les croisements mal faits, qui ne se rencontrent pas avec leurs correspondants, enfin un panneau qui n'est pas exactement à sa place peuvent amener la perte d'une maille. Un travail est absolument manqué par la perte d'une maille, et pour dissimuler cette malfaçon, il faut autant de temps et de peine, que s'il s'agissait de faire le travail entier.

Ajoutons pour terminer, que pour les raccords en coupe de section, il faut avoir soin de rassembler à la pose les bois qui ont été coupés, ce qui se fera facilement si l'on a parfaitement repéré les divers panneaux. Une simple précaution facilitera le travail, c'est avant la pose de superposer les panneaux, en mettant en dessous les derniers à poser, de cette façon on n'a pas à redouter une interposition dans le cours de l'opération. Il y a là toute une série de précautions à prendre que le praticien ne devra jamais négliger, si vétilleuses qu'elles paraissent, si l'on réfléchit aux embarras que cause une erreur, on comprend sans peine, aux immenses avantages que l'on retirera de ce travail préliminaire, qui bien que long est la seule sauvegarde pour marcher vite et bien.

3° Raccord à queue.

Dans le raccord à queue, les montants sont tous de même longueur; on l'emploie généralement lorsque le travail à exécuter présente une seule rangée de panneaux sur la hauteur.

Voici comment on procède : diviser et marquer les lattes comme pour le cas du raccord droit, mais sans laisser à gauche l'épaisseur du montant droit, lequel n'existe pas dans le cas actuel. Poser la latte du haut, l'habillure sur le dos à gauche, mesurer la hauteur que doit avoir le treillage, et fouetter un trait à environ 0^m,15 au-dessus du point donné par cette mesure pour y placer la latte du bas. Du reste cette grandeur, que nous indiquons de 0^m,15, varie avec l'inclinaison que l'on donne aux montants. Cette latte se pose également l'habillure sur le dos et à gauche, et la première marque qu'elle porte devra être d'aplomb, en demi-section avec la 3e, 4e, 5^e

de la latte supérieure suivant l'inclinaison donnée aux montants, c'est-à-dire que cette première marque sera d'aplomb avec le milieu de deux marques de la latte du haut, en section, les marques se repèrant. Lorsqu'un pareil treillage présentera un peigne ou une ligne de pointes, on fouettera ces lignes au cordeau sur l'épure à $0^m,05$ de distance de la latte de marque. (Voy. fig. 126.)

On choisit toujours les plus beaux bois pour le dessus. Dans un panneau d'épure, on ajoutera des bouts de latte pour prolonger à droite, et à gauche les lattes de marque, afin d'avoir les panneaux au carré, ils sont représentés en traits ponctués sur la figure 126, ces bouts ne sont que provisoires. Quant aux détails de la pose des montants, nous ne pouvons que renvoyer à ceux déjà donnés dans les deux autres cas déjà décrits. La figure 126 montre un treillage semblable dont le bas est de plus garni, l'inspection de cette figure montre suffisamment comment se conduit le travail, pour que nous n'ayons pas besoin d'insister davantage.

La pose d'un semblable treillage s'exécutera de la façon suivante : si le treillage est posé en clôture ou en contre-espalier, on commence d'abord par placer les pieux, ainsi que nous l'avons indiqué ; si la pose se fait sur un mur, on le clouera directement dessus. Mettre d'abord le premier panneau bien d'aplomb, placer le second, en ayant soin de passer les montants du haut à gauche, sous les montants d'attente à droite du premier panneau posé, les montants du bas viendront d'eux-mêmes plaquer

TREILLAGES A MAILLES DÉTERMINÉES. 117

sur les correspondants déjà en place, achever les liens comme dans les autres genres de travail.

Si le treillage devait être posé sur un appui de mur, il faudrait araser le peigne, en fouettant une ligne bien parallèle à la ligne des pointes et à la distance voulue.

Ce genre de treillage ainsi que nous l'avons dit ne convient que pour de petites hauteurs, on peut considérer 2^m comme un maximum. Pour de grandes hauteurs on aurait plus de la moitié des coutures à faire sur place, et par suite il y aurait beaucoup de chance que les panneaux ne soient trop déformés dans les manœuvres, et de plus on courrait le risque de casser les montants d'attente. Les lattes doivent être rigoureusement parallèles, et l'aplomb des mailles bien perpendiculaire sur ces lattes. Tous les panneaux doivent être identiques au panneau d'épure. L'avantage de ce système, c'est la rapidité d'éxécution.

§ 4. Treillage à maille en losange inclinée à 45°.

Ce treillage qui n'est d'ailleurs qu'une variété du précédent, s'éxécute et se pose de la même façon, il n'y a lors de la division des lattes et des montants du cadre, qu'à les diviser tous deux avec la même ouverture de compas. Les montants formant les mailles, ont dans ce cas l'inclinaison que présente l'hypothénuse d'un triangle rectangle dont les deux côtés sont égaux.

Ce treillage s'emploie surtout dans les espaliers, pour dresser les arbres fruitiers. Pour les travaux d'agrément, il serait d'un aspect un peu lourd.

§ 5. Treillage à maille en ogive.

Maille en ogive simple.

Ce treillage s'emploie souvent pour clôture décorative sur les murs d'appui en remplacement d'une grille de fer. Le bas est en maille rectangulaire sur les 2/3 de la hauteur totale, et le reste en maille ogive. La figure 127 en montre un exemple.

Voici comment on établit un semblable treillage :

On prépare les lattes nécessaires pour l'établissement du panneau d'épure, on les divise et on les marque suivant la maille, puis on cintre les montants, soit à la serpe, soit à la scie.

Le cintrage à la serpe se fait sur le dressoir. On prend le montant de la main gauche et on le place sur champ sous la tête du dressoir, de façon à ce que la face du treillage cintré se trouve à droite pour les montants de dessus, et à gauche pour ceux de dessous. Prenant la serpe de la main droite, on donne des coups sur le champ du montant, en appuyant fortement de la main gauche pour faire obéir les nervures et obtenir le cintrage. On donnera un plus ou moins grand nombre de coups de serpe, suivant le cintre à faire, appuyant avec le plat de la serpe pour empêcher ces nervures de trop s'ouvrir. Il faut avoir le soin de dresser le montant, en le cintrant. Nous ne pouvons donner de plus amples explications, un peu de pratique est nécessaire.

Le cintrage à la scie se fait au chevalet à planer. On met le montant sous la tête du chevalet, et on donne sur champ des traits de scie à main ne dépassant pas en profondeur les 3/4 de la largeur du bois, et espacés entre eux d'environ 0^m,015. (Voy. fig. 128.) Ces traits de scie se pratiquent sur un champ ou l'autre suivant que le montant sera cintré à droite ou à gauche ; on termine l'opération en courbant le bois à la main.

Les montants une fois cintrés, les diviser et les marquer et monter l'épure en commençant par la partie à maille rectangulaire. On pose les lattes nécessaires, le gros bout habillé sur le dos à gauche, à distance suivant la division des montants entre eux, puis la latte du haut sur laquelle viendront s'attacher les extrémités des parties cintrées des montants. On place ensuite les montants de dessous en laissant sur les lattes les marques à droite, puis les dessus en laissant les marques à gauche sur les lattes du réseau rectangulaire, et à droite sur la latte supérieure. Les montants viennent se juxtaposer côte à côte et sont cousus dans cette position.

Si le panneau doit avoir des pointes, on fouettera un trait sur l'épure à 0^m,05 au-dessus de la latte supérieure, qui servira à les régler.

La partie supérieure des montants se monte, comme dans le raccord à queue.

Si l'on veut que le bas soit plus serré que le haut, on y posera un garni, ainsi que le montre la figure 127.

Tous les panneaux d'un même travail, se font exactement semblables à l'épure, on aura le soin de mettre à chaque panneau un petit bout de latte provisoire, pour maintenir les bouts d'attente des raccords de la maille en ogive, comme on le voit sur la droite de la figure 127.

Ce genre de travail exécuté, en bois plané, est très gracieux, surtout si le cintrage a été fait à la scie. La maille ogive montée en rotin donne pour les galeries dans les serres et jardins d'hiver, une décoration très coquette. Le rotin se cintre au pouce.

Pose du treillage à maille en ogive simple.

Comme on a pu le remarquer, ce genre de treillage est composé d'un treillage rectangulaire, et d'un treillage à raccord à queue. On n'aura donc pour le poser qu'à se conformer aux deux instructions que nous avons données au sujet de ces deux genres.

Maille en ogive double.

Ce genre de treillage est tout à fait semblable au précédent, seulement les montants au lieu de n'être cintrés qu'à une seule extrémité, le sont aux deux, et la maille rectangulaire occupe le milieu du treillage.

Voici les proportions admises ordinairement pour

établir ce treillage. Diviser la hauteur totale en cinq parties égales, dont deux pour l'ogive supérieure, deux pour l'ogive inférieure, et une pour le réseau à maille rectangulaire.

Les bois des montants devront être appointés aux deux extrémités. Le restant du travail se fera d'ailleurs absolument comme dans le cas précédent, en commençant toujours par poser le réseau rectangulaire. La figure 129 montre un exemple de ce treillage avec garni dans la partie rectangulaire.

La construction reste la même, s'il s'agit de bois plané, de sciage, ou de rotin, en ayant soin si la grandeur de maille est donnée à l'avance, d'ajouter à ce nombre pour obtenir l'ouverture de compas avec laquelle on fait la division :

$0^m,04$ pour le bois ordinaire,
$0^m,03$ »   » plané,
$0^m,018$ »   le rotin.

La seule observation que nous ayons à ajouter au sujet de la pose, c'est de recommander encore plus de soin et d'attention que jamais, car ce travail étant essentiellement décoratif demande naturellement une perfection à l'abri de toute critique.

§ 6. Observations générales sur le Chapitre IV.

Lorsque l'on aura à garnir avec un des treillages que nous venons d'étudier, un pavillon ou tout autre ouvrage présentant des ouvertures, on devra toujours bien prendre soin que les encadrements de ces ouvertures, portes ou fenêtres, soient en section ou demi-section, c'est-à-dire que le croisement d'une maille devra être coupé en deux au ras d'un montant ou d'une latte d'encadrement, détail représenté en grand, figure 130. Pour obtenir ce résultat on trichera un peu s'il le faut sur quelques mailles. Ces détails d'exécution s'acquièrent vite d'ailleurs par la pratique.

Pour la pose des grands travaux, on se sert tour à tour de l'échelle haute, de l'échelle à coulisse, de la corde à nœuds et de l'échafaud volant. L'emploi de l'échelle haute, ou à coulisse demande de grandes précautions pour éviter les accidents. Il faut examiner avec soin l'endroit où l'on posera son échelle, afin qu'elle ne vienne pas créer un obstacle au travail, et cependant qu'on puisse manœuvrer facilement les panneaux. Elle devra être plus haute que ne le sera le travail à poser; il sera bon d'en avoir plusieurs proportionnées aux diverses rangées du treillage. Au moyen d'une poulie fixée à un échelon, on pourra hisser les panneaux en l'air, et les diriger dans ce mouvement d'ascension par les ouvriers placés sur les échelles inférieures. On ne saurait recommander aux ouvriers de prendre trop de précautions, de bien caler les échelles, de ne pas trop étendre les bras, et enfin de s'attacher toujours aux échelles.

La pose à la corde à nœuds offre moins de chances d'accident, puisque l'ouvrier est toujours amarré, seulement elle est plus longue et plus difficile. Elle demande un certain apprentissage, pour apprendre à agir aisément dans la position que l'on occupe, et pour circuler facilement le long de la corde. L'ouvrier devra toujours avoir le soin, avant de décrocher un harpon, lorsqu'il se déplace, de bien vérifier que l'autre est solidement amarré; le crochet opposé à la sellette, et qui, dans les manœuvres, sert d'appui-reins, doit être placé à hauteur de la tête. Ce procédé est d'ailleurs peu usité, nous croyons que l'on n'y doit recourir, que lorsqu'on n'en peut employer d'autres.

L'appareil qui rend le plus de services, pour ce travail de pose est l'échafaud volant (dit *Célard*). D'abord parce que son installation est confiée à des spécialistes, ce qui est une garantie de sécurité, et que rarement pour ne pas dire jamais, il ne pèche à ce point de vue. Il est utile que les ouvriers qui s'en serviront connaissent la manœuvre, c'est-à-dire qu'ils sachent bien amarrer la corde de la moufle que l'on manœuvre pour s'élever ou descendre. Il ne faut jamais s'appuyer avec les mains contre le mur, cela déplace l'échafaud, le fait tirer au vide, et par un faux mouvement on peut tomber, ce genre d'échafaud n'ayant pas de garde-fou intérieur, afin de laisser toute liberté pour le travail. Si cependant il est nécessaire d'écarter l'échafaud, on devra tenir la corde de la moufle à deux mains, et s'appuyer du pied contre le mur, éviter de regarder en bas pour ne pas avoir le vertige.

Les manœuvres sur les moufles devront être simultanées, afin de ne pas placer l'échafaud en pente, ce qui peut faire glisser et par suite tomber les ouvriers placés dessus. Il arrive par fois dans le cours d'un travail, que l'on est obligé d'ajouter une prolonge à un échafaud, qui n'est commandé que par une moufle d'un côté et un boulon de l'autre. Il faut toujours maintenir cette prolonge un peu plus haute que les autres échafauds, et bien soigner son amarrage. En tenant bien compte de ces diverses recommandations, le travail sur un échafaud volant s'exécutera aussi facilement qu'à terre, sans chances d'accident.

CHAPITRE V

APPLICATION DU TREILLAGE DANS LES JARDINS.

Corsets d'arbre. — Cordons d'arbres fruitiers. — Espalier en fil de fer. — Contre-espalier. — Éventails. — Gobelet. — Cône. — Claies et Jalousies.

§ 1. Corsets d'arbre.

Pour monter les corsets d'arbre, on se sert d'un moule en bois, établi sur le type adopté, et monté à pivot sur un axe vertical (voir fig. 131), sur ce moule est tracé l'emplacement des cercles et des montants. On prépare les cercles, comme nous l'avons indiqué, puis les montants sont pointés et dressés dans le bas, et l'on donne quelques coups de serpe sur le plat pour faire l'évasement. On place tous les cercles, en commençant par le bas, ayant bien soin de mettre toutes les habillures d'aplomb afin que l'on puisse à la pose ouvrir le corset pour y passer l'arbre. Les cercles placés sur le moule, poser d'abord quatre montants de repère également espacés qui permettront de bien dresser le tout; on fera une couture solide avec un lien double, puis on posera les autres montants. Le corset terminé, on l'enlèvera du moule en le soulevant par le haut. L'ouvrier n'aura pas besoin de changer de place pendant le travail, par suite de la mobilité du moule autour de son axe. (Voy. fig. 132 un corset achevé.)

Pour mettre en place un corset, on l'ouvrira en détachant les habillures des cercles, qui doivent être bien d'aplomb, on passera l'arbre dans le corset que l'on mettra bien d'aplomb dans la rigole circulaire préparée au pied de l'arbre, on fera ensuite les raccords d'habillure, et l'on bouchera la rigole en tassant fortement la terre.

CORDONS D'ARBRES FRUITIERS. — ESPALIERS. — CONTRE-ESPALIERS.

Cordons.

Les Cordons d'arbres fruitiers, qui sont destinés à les diriger, se font en fil de fer n° 14. On devra toujours prendre du fil de fer galvanisé, pour éviter la rouille qui entraîne une prompte usure. On se sert aussi dans ce travail de raidisseurs, petit appareil permettant de tendre les fils de fer, et suffisamment connu pour que nous n'insistions pas à leur sujet.

Voici la manière aussi facile que correcte et expéditive de les poser. Le cordon est généralement à $0^m,50$ au-dessus de terre. On emploie des piquets longs de 1^m environ, bien droits, planés s'ils sont ronds, équarris dans le cas contraire, placés à 3^m

de distance les uns des autres, que l'on pose comme nous avons eu déjà plusieurs fois l'occasion de l'indiquer. Lorsque les pieux sont en place, on fait un trou en terre à environ 0m,50 des extrémités de la ligne, et on y jette un moellon autour duquel on enroule le fil de fer. On referme ensuite ce trou en y tassant la terre le plus que l'on pourra. Le fil de fer est passé sur la tête des pieux, où il est maintenu au moyen de conduits à sonnette, sorte de clous à deux pointes en forme d'un U renversé, que l'on enfonce sur la tête des pieux, et sur sa longueur, on intercale un raidisseur. Puis on enroule ce fil, en cherchant déjà à tendre le plus possible sur un autre moellon, que l'on enterre dans le second trou, comme on a déjà fait à la tête. A l'aide du raidisseur on achève de tendre. (Voy. fig. 138, pl. II.)

On se sert quelquefois de montants en fer miplat de formes diverses, dont quelques-unes sont représentées fig. 139, pl. II et dont l'emploi d'ailleurs n'apporte aucun changement à ce que nous venons de dire.

Espalier.

L'espalier en fil de fer remplace suivant le goût de l'amateur l'Espalier en treillage. La pose en est du reste fort simple.

On trace à chaque extrémité du mur à garnir, un trait d'aplomb, et on le répète sur la longueur de six en six mètres. On fouette ensuite au haut du mur un trait de niveau, à partir duquel on fait sur les traits tracés d'aplomb, la division correspondant à l'écartement que l'on veut avoir entre les divers fils formant l'espalier. Aux points où les lignes d'aplomb extrêmes sont ainsi divisées, on perce des trous, pour y sceller des pitons (voir fig. 141, pl. II), et sur les lignes intermédiaires, on plante des crochets vrilles (voir égalt. fig. 141, pl. II) dans lesquels il est facile de faire entrer le fil de fer qui ne peut en sortir de lui-même.

On peut du reste les substituer également aux pitons, sur lesquels ils présentent deux avantages: prix moins élevé, facilité de pose et de dépose.

Lorsque les scellements seront bien secs et par suite bien solides, on coupera le fil à la longueur du panneau, en interposant un raidisseur dans chaque brin, on les fera passer dans les crochets, on les fixera aux deux extrémités en les tendant déjà le plus possible, et on achèvera de tendre à l'aide du raidisseur. Pour le coup d'œil ainsi que pour la facilité d'entretien, on placera tous les raidisseurs sur une ligne d'aplomb. (Voy. fig. 140, pl. II), la tête du raidisseur apparente du côté extérieur.

Contre-Espalier.

Le contre-espalier en fil de fer se pose sur des pieux en bois, ou sur des montants en fer, il a ordinairement 1^m, 30 de hauteur. Lorsqu'il sera monté sur pieux, ceux-ci seront préparés ainsi que nous l'avons expliqué déjà plusieurs fois, et placés à intervalle de 6ᵐ entre eux. Les pieux de chaque extrémité de la ligne seront scellés dans le sol à l'aide de pierres, et d'un arc-boutant placé en dedans du contre-espalier comme le montre la figure 142; les fils de fer se poseront et se tendront ensuite comme dans les exemples précédents, en les fixant par des clous en U sur les pieux intermédiaires, et les faisant pénétrer dans une petite entaille, pratiquée à la scie sur les pieux extrêmes afin d'éviter qu'ils ne glissent sur eux.

§ 3. Éventails d'Arbres.

L'éventail sert à dresser des arbres fruitiers, suivant cette forme particulière. On enfonce dans le sol un pieu parfaitement d'aplomb sur toutes ses faces et présentant la hauteur convenable, on cloue au sommet en travers une barre horizontale, que l'on relie par deux montants inclinés avec le pieu afin que ses extrémités ne puissent fléchir, puis divisant également le pieu et la barre, et perçant des trous suivant les divisions, on tend un fil de fer en le faisant passer par les trous correspondants de manière à former l'éventail que représente la figure 133, pl. I.

On peut disposer l'éventail d'une façon inverse, comme le montre la figure 134, pl. I, dont l'inspection suffit, sans avoir à donner encore une fois les mêmes explications. On fixe la traverse dans le sol au moyen de petits piquets.

Gobelet d'arbre et Cône.

Pour former un gobelet, on placera un fort pieu bien vertical que l'on enfoncera en terre suivant la hauteur que l'on veut donner à l'ouvrage, on cloue sur son sommet deux traverses assemblées à mi-bois et à angle droit qui servent à leur tour à supporter un cercle ayant le diamètre que l'on veut donner au gobelet. On trace à terre un autre cercle d'un diamètre plus petit, et on divise ces deux cercles en un même nombre de parties égales. Dresser ensuite et pointer de forts treillages, placer quelques montants de repères enfoncés en terre et attachés au cercle supérieur, et opérer exactement comme l'on a fait pour le Corset d'arbre. (Voy. fig. 125.)

Cet appareil porte le nom de cône, lorsque c'est le cercle du plus petit diamètre, qui se trouve à la partie supérieure.

Éventail à fleurs.

L'éventail à fleurs mesure ordinairement 0^m,10 de large en bas et 0^m,50 dans le haut, sur 0^m,60 de hauteur. On forme le T au moyen du montant central et de la traverse supérieure, et on les divise suivant le nombre respectif de traverses ou de montants que l'on veut avoir; puis on affile les montants, c'est-à-dire que l'on diminue leur largeur dans la partie qui tend vers le bas et posant d'abord la traverse inférieure on forme le cadre extérieur de l'éventail que l'on complète ensuite.

Quelquefois la traverse supérieure est cintrée, dans ce cas on la pose après coup, la première horizontale mise n'étant que provisoire (voir fig. 136 et 137, pl. 1).

§ 4. Claies à ombrer les serres et jalousies articulées.

Il y a deux sortes de claies, les claies fixes et les claies articulées.

1° *Claies fixes.* — Les claies fixes se montent en sapin rouge, préparé comme il a été dit en parlant du rabotage du bois, les parties rectangulaires étant coupées à l'aide de la boîte à scier représentée fig. 143 et 144.

Les bois préparés, on tracera sur une table horizontale le panneau à faire, on clouera suivant un des côtés de la largeur une tringle de sapin de 0^m,015 d'équarrissage, et qui ait la longueur de la claie. On nomme dans une claie, largeur de cette claie, la longueur du bois employé, et hauteur de la même, la longueur des chaînes ou tringles qui maintiennent l'écartement des bois. Le jour ou l'écartement adopté ordinairement entre les baguettes est de 0^m,05. Il entre dans un mètre de hauteur de claie, de trente-huit à quarante baguettes. Quant aux traverses, voici comment elles sont réparties ; on laisse de chaque côté 0^m,10 pour le peigne, et l'on divise l'espace restant de telle sorte que l'écartement entre deux traverses successives soit d'environ 0^m,25.

A l'aide des renseignements précédents, il est facile de tracer le panneau d'épure, et de fouetter au blanc les traits de repère des traverses que l'on disposera suivant ces traits, en les maintenant sur la table, à l'aide de quelques clous. On posera ensuite les baguettes et on les clouera sur les traverses, en commençant du côté de la tringle d'arrêt, contre laquelle on aura le soin de les faire butter. Lorsque toutes les baguettes auront été clouées de ce côté on les fixera de l'autre, en réglant toujours bien leur distance à 0^m,05. On met deux clous à chaque baguette sur les traverses de peigne, et un seulement sur les traverses intermédiaires. Ces clous seront un peu flexibles et seront plus longs que l'épaisseur de la traverse ajoutée à celle des baguettes.

Le panneau étant cloué en entier, on détachera les clous qui fixent provisoirement les traverses sur la table, on retournera le panneau et avec le dos de la serpe, on rivera toutes les pointes de clous qui dépassent, en les couchant dans le sens du fil du bois. Enfin on remettra le panneau dans sa première position, et au moyen d'une barre de fer mi-plate qu'on posera sur les lignes de clous on achèvera la rivure, en frappant au marteau sur les têtes de clous.

Pour qu'une claie fixe soit solide et bien faite, il faut : que les clous soient enfoncés bien droits, pour éviter de fendre le bois et que chaque coup de marteau donné pour clouer, ou pour river, soit frappé bien d'aplomb pour ne pas casser de baguettes. Les baguettes devront présenter des jours bien réguliers

TREILLAGE DANS LES JARDINS. 133

et être bien perpendiculaires aux traverses. Lorsqu'elles doivent être peintes, la première couche se donne sur les bois préparés avant tout autre travail, et les autres après le montage.

La figure 145 montre un semblable travail en cours d'exécution.

2° *Claies et jalousies articulées.* — Ce travail s'exécute de différentes manières que nous allons exposer successivement.

Premier système. — Dans ce système, le montage se fait sur un établi de menuisier ou sur un plateau très épais. On prépare les baguettes comme précédemment en comptant sur quarante baguettes par mètre de claie, puis on divise une de ces baguettes suivant l'écartement qui existe entre les chaînes, en laissant 0^m,10 de peigne à chaque extrémité; cette première baguette servira à en marquer plusieurs autres.

On prend ensuite une baguette marquée, on la place contre le bord extérieur de l'établi ou du plateau qui servira au montage, et on fouette sur cette table les extrémités de la baguette ainsi que les traits de division, avec des traits perpendiculaires à cette baguette. On cloue une traverse d'arrêt, suivant une des lignes fouettée à l'extrémité de la baguette, qui servira de repère pour placer toutes les autres.

Ayant fixé toutes les chaînes sur l'une des baguettes aux points de division marqués, on cloue cette baguette sur la rive de la table d'épure, les

Treillageur, 2ᵉ partie. 8

chaînes bien en regard des lignes fouettées; puis avec une pince on ouvre les mailles qui posent sur la table et l'on place une baguette de marque dans la dernière rangée transversale de mailles reposant sur la table. On tend légèrement les chaînes en maintenant cette dernière baguette avec des clous, puis on passe des baguettes dans toutes les mailles ouvertes et on les referme, en opérant par chaînes successives et faisant bien attention que pendant le travail, les baguettes viennent bien buter sur la tringle d'arrêt posée et que chaque chaîne reste bien en coïncidence avec le trait fouetté. Lorsque la partie recouvrant l'établi sera terminée, on reporte la baguette d'extrémité à la place de celle fixée sur la rive, et on recommence de la même façon jusqu'à l'achèvement du panneau. (Voy. fig. 146 et 150 n° 1, pl. II pour le détail de la chaîne.) Pour obtenir un travail solide, il faut en fermant la maille donner un petit coup de marteau sur son extrémité pour la faire pénétrer dans le bois. Cette chaîne a une tendance à donner trop de jour.

Deuxième système. — L'application de ce procédé nécessite l'emploi d'un tour, sur lequel on monte à la place du mandrin un foret à percer le bois suivant la grosseur d'un fil de fer n° 10.

Les baguettes ayant été préparées et marquées suivant la division qui détermine les chaînes, on les perce au tour suivant les marques, le trou pratiqué d'outre en part sur champ et bien perpendiculaire à la direction de la baguette et dans le

TREILLAGE DANS LES JARDINS.   135

milieu de l'épaisseur. Puis sur chaque baguette, on passe à travers les trous pratiqués une maille de la chaîne recourbant la partie enfilée en un anneau dont le bec n'est pas complètement fermé, et forme une sorte de crochet. Ayant ainsi opéré pour deux baguettes, on passera les crochets de l'une dans les anneaux tenant après l'autre, et ainsi de suite jusqu'à ce qu'on ait relié toutes les baguettes entre elles. Ce système est assez simple à appliquer, néanmoins il demande certaines précautions, surtout en formant les anneaux à crochet qui devront tous être bien égaux, afin que les jours entre les baguettes soient réguliers. Cela est d'autant plus indispensable que l'on n'a pas de guide pour placer les baguettes les unes à la suite des autres. La fig. 147, pl. II, donne une idée de ce mode de montage, et la fig. 150 n° 2 donne le détail de la chaîne.

Troisième, quatrième et cinquième système. — Le procédé à employer pour établir ces trois systèmes est le même. On prépare d'abord la table à monter, qui se compose de deux planches de sapin, de 0^m,41 d'épaisseur, sur 0^m,22 de large et 5^m de long; dont un champ est dressé à la varlope et sur lequel on cloue une tringle de bois de 0^m,08 de large sur 0^m,015 d'épaisseur, qui formera ainsi un rebord d'environ 0^m,04. Sur chaque planche, et en prenant la mesure de l'extrémité du rebord formé par la tringle, on fouette au blanc un trait à 0^m,10 de distance de ce rebord et l'on cloue sur ce trait une tringle à claie. Ces deux planches forment les planches de rive de la table à monter; on prépare ensuite un peu différemment les planches intermédiaires, dont le nombre du reste varie avec celui des chaînes de la claie. Ces planches de même mesure que les premières, sont fouettées d'un trait dans toute leur longueur et suivant le milieu de la largeur, sur lequel on cloue une tringle à claie. La table à dresser se monte sur quatre tréteaux bien de niveau, les rebords des planches de rive, placés en dehors.

On fixe deux premières baguettes qui servent de repères après y avoir pratiqué la division correspondant au nombre de chaînes, conservant toujours $0^m,10$ de peigne, et battant chacune entre les rebords des planches de rive, auxquelles elles devront être bien parallèles. Au droit de chacun de ces points de division, on dispose les planches intermédiaires de façon que le trait fouetté dessus se trouve entre deux marques successives. Ces planches intermédiaires sont fixées aux tréteaux par des clous, et les baguettes de repère sont également clouées sur ces planches.

On emploie dans ces trois systèmes, divers modèles de chaîne continue que nous avons représentés fig. 150 après les deux chaînes n°s 1 et 2. On coupe la chaîne sur la longueur de la claie, en vérifiant bien que chaque partie renferme le même nombre de mailles. On dispose alors sur la table à épure toutes les baguettes du panneau en construction, puis on tend d'abord une des chaînes voisines du peigne, sur les marques des baguettes extrêmes de façon à ce que la maille se trouve sur le milieu du trait marqué ; et on cloue les mailles extrêmes sur les baguettes terminant le panneau de chaque côté, celles-ci étant également clouées sur la table d'épure. Il ne restera plus qu'à clouer successivement chaque maille sur chaque baguette. On opère de même pour la chaîne voisine de l'autre peigne, et enfin pour les chaînes intermédiaires. Il est très facile en se guidant sur les mailles, d'obtenir un jour très régulier entre toutes les baguettes.

On cloue d'abord les chaînes à un clou, puis quand elles sont toutes ainsi posées, et que l'ouvrage a été bien vérifié, on cloue le second.

Les clous employés sont dits à *galoche*; ils ont 0m,008 à 0m,010 de longueur ; ils doivent être de bonne qualité, et flexibles pour se river facilement. Il faut les enfoncer bien droit.

Quand le panneau est terminé, on retire les clous qui fixaient les baguettes de repère sur la table, ainsi que les extrêmes, et on roule le panneau sur lui-même. On en fabriquera ainsi le nombre voulu du même modèle.

Le rivage s'exécute de la façon suivante : on fixe par des clous, sur une des planches de l'épure une barre de fer de 0m,025 de large sur 0m,050 d'épaisseur. On déroule ensuite un panneau de façon que chaque chaîne vienne successivement poser sur le milieu de la tringle, et avec la tête du marteau on rabat chaque tête de clou suivant le fil du bois. La rivure terminée, on enroulera chaque panneau, les chaînes en dessus, on l'attache et on le serre.

8*

Nous ne répétons pas les précautions que nous avons déjà recommandées pour ce travail de rivure. Inutile de dire, qu'une grande partie de la réussite de ce travail, dépend des soins apportés à la table d'épure. (Voy. fig. 148.)

Sixième système. — On emploie ici la chaîne représentée fig. 150, n° 6. On marque toutes les baguettes, puis prenant un petit bout de tôle et deux anneaux, on les place sur les marques d'une baguette ainsi que le représente la fig. 149, on recourbe les extrémités de la languette de tôle, de façon à ce qu'elles s'élèvent à la moitié de l'épaisseur de la baguette, puis avec deux clous rivés on fixe la tôle sur la baguette.

Il faut préparer de cette façon la moitié des baguettes à employer, l'autre moitié des baguettes ne recevra simplement sur chaque marque que la bande de tôle. Lorsqu'elles seront enfin toutes apprêtées, on mariera alternativement les unes avec les autres, en employant la feuille de tôle des baguettes du second lot sur les anneaux adhérents après celles du premier.

Ce système aussi solide que le précédent est d'une exécution facile. Il ne demande qu'un peu de soin, surtout dans la division des baguettes. On emploie les mêmes clous que précédemment, et on les rive de même.

Septième système. — Le procédé est exactement le même que précédemment, avec cette petite différence, due à la nature de la chaîne, représentée fig. 150 n° 6, qu'au lieu de clouer les tôles sur les baguettes, on rentre dans le bois les crampons qui forment les extrémités de chaque bande, en les frappant d'un coup de marteau bien d'aplomb. Les spécialistes exécutent cette dernière opération, à l'aide d'une presse à balancier, sous laquelle on passe chaque baguette. Ce système est très solide, mais il a l'inconvénient de se prêter difficilement à des réparations. Tous ces systèmes servent à fabriquer les claies et jalousies, destinées à ombrager les serres, mais celles fabriquées par les procédés 3, 4, 5, sont les plus faciles à enrouler droit, et cela tient à la nature de la chaîne qui est à charnière, et qui casserait plutôt que de s'enrouler en tire-bouchon.

Les autres chaînes, au contraire, étant à articulation, peuvent plus facilement fléchir à droite ou à gauche.

Ajoutons enfin que ces systèmes 3, 4, 5 sont les seuls applicables lorsqu'on emploie des baguettes biseautées.

Les systèmes n° 6 et 7 donnent un résultat satisfaisant, quoique inférieur aux précédents.

Les claies à chaînettes, sont les plus mauvaises, mais aussi les moins coûteuses. Beaucoup de personnes ne connaissent que ce seul système, mais une expérience comparative a bien établi la supériorité des autres, inventés depuis celui-ci, qui a succédé aux claies montées avec des cordes.

Pose des claies à ombrer.

Les claies fixes s'attachent au moyen de fil de fer après des pitons fixés sur des tringles disposées aux places auxquelles on les destine. Ces claies devant quelquefois séjourner longtemps, il sera bon de les fixer solidement.

La pose des claies mobiles est un peu plus compliquée. On prend d'abord de la corde appelée *septain*, que l'on tend bien pour éviter qu'elle ne vrille et que l'on coupe en brins, ayant deux fois la longueur des claies à poser, plus la longueur nécessaire pour que, la claie mise en place, l'extrémité de la corde puisse être saisie à la main des endroits où l'on aura accès.

Les claies qui se roulent du haut ne nécessitent pas de poulies, lesquelles sont indispensables pour celles qui se roulent du bas.

Pour poser les claies qui se roulent du haut, on attache la corde de la claie sur la tringle posée pour la recevoir et à l'endroit correspondant au milieu de la claie, puis on attache cette même corde au garde-fou de la serre, en ayant soin de la laisser un peu lâche afin qu'elle puisse recevoir le rouleau de la claie. Avec un brin de fil de fer d'environ 0^m,30, on embrasse les deux dernières baguettes en faisant deux tours de torsion à la main, sur la dernière et cela au droit de chaque chaîne. On place alors le rouleau sur le vitrage, l'appuyant sur le bras gauche et le maintenant du droit, il est retenu par la corde amarrée au garde-fou et on le fixe à la tringle d'arrêt, à l'aide des trois brins de fil de fer dont nous venons de parler, que l'on règle de façon à ce que les premières traverses soient bien parallèles à la tringle d'arrêt.

Si on détache alors la corde, la claie se déroulera entre les bois ou fers de la serre, se développant bien régulièrement sans prendre de gauche ; on la réglera d'ailleurs, en tirant par le bas. Pour la remonter il suffit de tirer la corde qu'on devra toujours bien amarrer, pour qu'une claie n'échappe pas et en tombant brusquement ne casse pas les carreaux.

Les claies qui se roulent du bas se posent de la même manière, on ajoute seulement une poulie d'appel qui doit être bien d'aplomb, avec le point d'attache de la corde, et le milieu de la claie. On posera dans le bas une tringle d'arrêt qui servira en même temps à amarrer la corde.

Pose des claies en jalousies sur des parties verticales.

Les jalousies doivent avoir la largeur de la baie à clore, diminuées de 0ᵐ,02 pour laisser un peu de jeu.

On prend une planche de sapin dressée et rabotée de 0ᵐ,027 d'épaisseur, sur la largeur des tableaux de la baie, et sur la longueur de la haussure du tableau plus 0ᵐ,03, on trace un trait d'équerre au milieu, puis, à droite et à gauche, deux traits indiquant la largeur de la croisée, et enfin, à 0^m,03 de l'un des traits entremis, un autre qui lui sera parallèle. Le trait du milieu correspond à l'axe d'une mortaise de 0^m,015 de large sur 0^m,06 de long, traversant le bois et percée sur le bord de la planche, en laissant 0^m,015 de bois. On en pratique une seconde au même niveau, et dont le dehors coïncide avec le trait tracé à 0^m,03 du trait entremis. (Voir fig. 150).

Dans ces mortaises on dispose deux galets de bois ou de fer tournant autour d'un clou, chassé dans le bois et qui leur sert d'essieu. Il n'y a plus alors qu'à préparer une corde qui ait comme longueur trois fois celle de la jalousie, fixer la jalousie sur la planche du côté tourné vers l'extérieur de la fenêtre, attacher la corde au rouleau de la jalousie clouée sur la dernière baguette et la passer dans la poulie du milieu, puis sur la poulie extrême. Lorsque la jalousie est tombée, il suffit de tirer sur cette corde pour la relever, et en fixant cette corde à un clou on peut maintenir la jalousie relevée au point voulu.

Il y a une autre façon de poser les jalousies, dite à l'Italienne : on pose dans les tableaux une double équerre en fer rond de 0^m,015 comme celle représentée fig. 151. La face aura la longueur de la haussure et les bouts, coudés à angle droit, auront 0^m,50 et se termineront par un œil dans lequel passera un pivot à tête s'enfonçant dans le tableau. Cette pièce se posera à 0^m,70 de la haussure. En agissant sur une tringle de fer liée à la jalousie et passant sur

TREILLAGE DANS LES JARDINS. 143

le pivot de la pièce que nous venons de décrire, on obtiendra le jeu de la jalousie.

Quant aux claies posées verticalement sur les pieds droits d'une serre, il suffit pour leur manœuvre, de poser des poulies bien dans le milieu sur lesquelles passent les cordes attachées au bas de la claie.

CHAPITRE VI

DES BERCEAUX

On nomme *berceau*, d'une façon générale en terme de treillageur, toutes les constructions qui sont destinées à la décoration des parcs et des jardins pour former des lieux de repos, telles que les voûtes, les rotondes, les coquilles, les pavillons chinois et turcs, etc.

§ 1. Voûte en maille rectangulaire.
(fig. 160 et 161, pl. III)

La largeur ou le diamètre de la voûte étant fixé on en prendra la moitié qui forme le rayon avec le compas trusquin, et fouettant un trait horizontal sur le panneau d'épure on décrira sur ce panneau avec le compas un demi-cercle ayant cette ligne pour base et qui donne la section de la voûte à établir, sur cette demi-circonférence on enfonce des clous à crochet distants entre eux de 0^m,25.

Pour obtenir la longueur des bois qui seront employés, il suffit de prendre le produit de la largeur de la voûte par le nombre $\frac{3146}{2}$.

Supposons que nous ayons à établir une voûte de 2m de largeur, les bois devront avoir 3m,15 de longueur, plus trois habillures, deux aux extrémités et une au milieu. En prenant donc des bois taillés sur 1m,65 de longueur, et en quantité nécessaire pour la confection de la voûte, on remplira les conditions nécessaires. Ces bois seront une moitié habillés sur le dos et la face, l'autre des deux côtés sur le dos. On les cintrera à la serpe, ainsi que nous l'avons déjà expliqué, de façon à ce qu'ils épousent bien le cintre tracé sur l'épure ; et on placera deux cintres sur l'épure, les deux habillures des extrémités dépassant également la ligne de niveau.

Ceci fait, on tracera sur ce cintre et au sommet une largeur de latte que ce sommet partagera en deux, et on divisera le cintre au compas suivant la largeur que l'on veut donner à la maille, en partant du trait à gauche de la latte marquée au sommet pour descendre vers la droite du cintre, et à droite du trait pour descendre vers la gauche du cintre. On fera varier cette ouverture de telle façon que l'on puisse régulièrement diviser l'intervalle compris entre une des extrémités des marques de la latte indiquée et le bout de l'habillure du bas, ainsi que le montre la figure 160. Ce premier cintre est dit *cintre de marque*; il sert à en préparer autant de semblables, qu'il y a de fois 0m,60 dans la longueur de la voûte. Le mode d'opérer est tout à fait semblable à la confection des panneaux de treillage sur un panneau d'épure.

Treillageur, 2ᵉ partie.

Avant de retirer un cintre du panneau d'épure, il est nécessaire de le brider, c'est-à-dire d'y fixer un certain nombre de lattes provisoires, qui empêchent qu'il ne se puisse déformer. Pour cela on prend du treillage non dressé que l'on attache solidement comme le montre la figure 160 avec des liens de fil croisés, et entre les marques tracées sur les cintres afin de ne pas être gêné pour les opérations suivantes.

Quand on a terminé tous les cintres de marque, on passe aux *lattes de marque*, à raison de cinq par panneau de voûte.

Voici maintenant comment on opère pour monter les panneaux. Prendre une latte et deux cintres de marque, attacher les cintres sur la latte par leur sommet et sur les marques extrêmes de la latte le dos tourné à gauche, puis placer d'autres cintres aux diverses marques intermédiaires. Placer ensuite les lattes extrêmes, les habillures tournées du même côté, puis les lattes intermédiaires, ce que montre bien d'ailleurs la figure 161. Bien vérifier les aplombs des cintres sur les lattes et leur parallélisme. Enfin, pour maintenir cette carcasse, on attache aux extrémités des cintres de petits piquets permettant de fixer le système en terre. — Toute cette carcasse sera cousue avec des liens doubles. Il ne reste plus maintenant qu'à poser les lattes, puis les cintres intermédiaires, et coudre le panneau en plein, moitié du fil en dessus, moitié en dessous.

Les pieds-droits de la voûte seront en habillures, en haut et sur le côté; ils se feront comme nous l'avons expliqué pour les panneaux en maille rectangulaire, en ayant le soin de les monter avec les mêmes lattes de marque que celles employées pour le cintre.

Si le pied-droit était fait avec une maille en losange, on l'établirait, ainsi que nous l'avons décrit, en prenant les mêmes lattes de marque que pour le cintre, les côtés seraient habillés et le haut aurait des pointes, de telle sorte que les bouts des cintres viendraient s'attacher entre les pointes de chaque maille.

§ 2. Voûte en maille losange.

On prépare tout d'abord les cintres comme dans le cas précédent. Le cintre de marque dans la voûte en losange remplace le montant droit dans les panneaux en losange. La division que l'on y fait, doit donc être égale à 1 fois 1/2 celle que l'on trace sur les lattes. En tenant compte de ces deux dernières remarques, on opèrera comme nous venons de le décrire.

Dans la voûte en maille losange, les lattes de marque seront posées sur le dessus des cintres, excepté pour les deux extrêmes, qui seront posées en dessous.

La carcasse des panneaux de voûte, dans le cas qui nous occupe, se nomme *moule*. Le bois à employer pour *la couche de la maille* réclame une opération particulière : il doit être *débillardé*. Voici en quoi cette opération consiste. Lorsque l'on donne les coups de serpe pour le cintrage, on les incline à droite pour les bois couchés de dessous inclinés vers la gauche, et à gauche pour ceux inclinés vers la droite; pour les bois couchés de dessus, c'est l'inverse.

Lorsque la voûte nécessite plusieurs panneaux, ils seront en habillures sur le côté; les croisements se feront comme nous l'avons expliqué pour la maille en losange, en mettant les habillures sur le dos à gauche, et sur la face à droite; dans les raccords avec les pieds-droits, les habillures seront toutes sur le dos.

Observations sur le montage des voûtes.

Pour qu'une voûte soit bien montée et solide, il faut que le bois soit bien cintré, sans pour cela qu'on l'ait affaibli par de trop nombreux coups de serpe. La couture doit être particulièrement soignée et solide, le bridage exécuté bien ferme pour éviter la déformation des panneaux. Enfin il faut apporter la plus grande attention dans le traçage des marques.

§ 3. Pose des voûtes.

L'emplacement du berceau ayant été exactement tracé sur le terrain, et ayant décidé si les pieux seront en dedans ou en dehors; on commence par poser les quatre pieux d'angle, la plus belle face du côté où seront placés les pieds-droits, ceci en général pour tous les pieux; puis ensuite les deux lignes de pieux tous enfoncés à la hauteur des pieds-droits.

On pose ensuite les panneaux de voûte, de façon que le dessus des lattes inférieures affleure la tête des pieds sur lesquels on les cloue ; pour les voûtes à maille rectangulaire, les cintres bien d'aplomb, parallèles entre eux et perpendiculaires à la ligne des pieux, pour les voûtes à maille en losange, la maille d'aplomb, les cintres de rive bien d'équerre avec la ligne des pieux.

Puis on dispose les pieds-droits, dont la pose s'exécute ainsi que nous l'avons déjà décrit plusieurs fois.

On ne débridera les cintres de voûte que lorsque toute la pose sera terminée.

Remarque pour le cas particulier où il y a une partie biaise par rapport à la ligne des pieux.

Il peut arriver souvent que dans le terrain il y ait une partie biaise par rapport à la ligne des pieux, lorsque par exemple le berceau aboutit sur une allée qui n'est pas perpendiculaire à la première.

Voici comment on préparera le cintre biais. Examinons la figure 162 : on y voit qu'au point où le cintre biais rencontre une des extrémités du berceau, on a tracé en trait plein le diamètre du cintre biais et en trait ponctué le diamètre du cintre de section droite. Décrivons une demi-circonférence, sur celui qui correspond à la section droite, et portons-y les divisions de marque, de ces points, abaissons des perpendiculaires sur le diamètre que nous prolongeons jusqu'à celui de la section biaise et que nous relevons en ces points de rencontre, perpendiculairement au second diamètre, sur une hauteur égale à celle comprise entre le diamètre de la section droite et la circonférence droite. En joignant les points ainsi obtenus, on aura la figure du cintre biais.

Pour faire le raccord de la partie biaise dans la maille rectangulaire, après avoir monté le cintre sur la figure précédente, on mettra le cintre bien d'aplomb sur les poteaux extrêmes, et on prolongera les lattes de marque qui devront coïncider sur le cintre biais avec les points qui nous ont servi à tracer cette courbe.

Il existe encore un autre procédé. Il consiste à mettre les cintres de raccords *en aiguilles*. (On dit que des bois sont tirés en aiguilles quand ils conservent leur largeur d'un côté et sont planés en pointe de l'autre, voir fig. 163.) Pour préparer du bois en aiguille, on choisit du bois de pied, et c'est de ce côté qu'on tire l'aiguille. Elle se fait au chevalet, avec la plane, en commençant à diminuer sur la largeur à environ $0^m,90$ de l'extrémité, et en prenant autant de bois des deux côtés. Lorsque l'on aura fait autant d'aiguilles qu'il y a de cintres de raccords, on confectionne les cintres, et dans la partie prise dans le pied du bois, ce cintrage se fera par un matinage. Dans les voûtes à maille en losange, on profile les lattes de marque jusqu'au cintre biais, et l'on placera les dessus et les dessous en raccords perdus sur ce cintre qui leur sert en quelque sorte d'encadrement.

§ 4. Entrées de berceaux, dites Archivoltes.

Les entrées de voûtes se mettent généralement aux extrémités, et si quelquefois on les dispose sur les côtés, elles en épousent le cintre.

Entrée d'extrémité en maille carrée. — Ce travail est représenté fig. 164, pl. III. Le cintre extérieur est construit sur le cintre du panneau à épure qui a servi à faire ceux de la voûte, et de plus sur ce panneau d'épure et avec le même cintre on décrit un autre cercle correspondant à l'ouverture que l'on veut donner à l'archivolte, sur lequel on prépare un second cintre; c'est le cercle intérieur dans la fig. 164. Puis on abaisse sur la ligne des centres quatre perpendiculaires, aux extrémités des diamètres des cintres, et ayant la hauteur des pieds-droits.

Le grand cintre de l'archivolte est divisé comme les cintres mêmes du berceau. Pour diviser le petit cintre on prend une règle bien droite que l'on fait pivoter autour du centre; on obtient ainsi une série de rayons passant par les points de division du grand cintre, et dont la rencontre avec le petit y détermine les divisons correspondantes. Nous n'insisterons pas davantage sur la façon de monter un semblable panneau, ce travail étant tout à fait semblable à tous ceux que nous avons décrits précédemment.

Lorsque la différence de rayon entre les deux cintres de l'entrée, excède l'ouverture d'une maille, on pose deux montants et un cintre intermédiaire. Il est inutile de dire que, pour obtenir un effet satisfaisant à l'œil, cette différence de rayon doit toujours être égale à un nombre entier d'ouvertures de mailles.

Nous ne signalerons qu'un seul point dans la manière d'exécuter ce travail, qui le facilite beaucoup. Les lattes horizontales du haut et du bas, placées dans les pieds-droits, sont posées sur toute leur longueur, couvrant à la fois les deux pieds-droits, et l'ouverture même du berceau; on ne les coupe au ras des montants intérieurs qu'une fois la pose faite. On est ainsi assuré de ne pas déformer le panneau, pendant les manipulations.

Entrée d'extrémité en maille en losange. — La figure 165, pl. III, représente une entrée de cette nature, elle s'exécute en appliquant les principes précédents quant au tracé de l'épure et les principes établis dans la description d'un panneau avec cette maille.

Les traits ponctués indiqués sur la figure indiquent d'ailleurs suffisamment le mode de procéder quant à la division à établir. Les lattes qui se profilent à la fois sur la partie correspondant à la voûte et sur les pieds-droits, sont posées d'une seule pièce et ne sont coupées qu'après la pose, afin de donner du maintien au panneau pendant le temps du travail.

Pour rendre ce travail plus gracieux, on fera bien de monter la maille en ᴀ v. Voici en quoi consiste ce mode particulier de montage. Lorsque l'encadrement sera en place, on pose les dessous inclinés vers la droite, pour la partie droite de l'entrée et vers la gauche pour la partie de gauche, de façon qu'ils viennent s'assembler par une coupe biaise sur la ligne d'axe, comme le montre la figure 166.

On choisira toujours, pour confectionner des entrées, des bois de choix, et l'on apportera de grands soins à leur préparation aussi bien que dans les coupes d'arasement. Enfin l'on mettra les cintres d'ouverture en double, de façon à avoir un effet aussi élégant sur une face que sur l'autre.

Pose des entrées de voûte. — On applique l'entrée à l'extrémité de la voûte qu'elle doit décorer, on relie le grand cintre avec celui de la voûte, les montants correspondants avec les pieux d'angle, et enfin on pose à l'intérieur de la voûte deux autres pieux au droit des montants intérieurs des pieds-droits.

§ 5. Rotonde ou Berceau à calotte demi-sphérique.

Rotonde à maille rectangulaire.

L'épure qui sert à construire cette rotonde s'exécute sur un sol bien plat. On trace au compas trusquin un cercle de rayon égal à celui donné et l'on enfoncé suivant le tracé de ce cercle de petits pieux distants de 0m,40 entre eux, bien d'aplomb et les têtes de niveau, voyez fig. 167 et 168, pl. III, puis on trace deux diamètres perpendiculaires, qui divisent le cercle en quatre parties égales.

On prépare alors un cercle en treillage que l'on pose en dehors des piquets, affleurant presque la tête et cousu de façon à bien être partout de niveau. C'est sur ce cercle que l'on fait la division correspondant à la maille que l'on veut employer et, cette division faite, on place un second cercle marqué sur le premier que l'on bridera solidement et enlèvera. On prépare ainsi trois cercles, et l'on a soin d'y tracer à la scie un trait de repère correspondant à l'extrémité d'un des diamètres tracés sur l'épure. Enfin sur ce même cercle d'épure on prépare deux demi-cercles, dont les habillures d'extrémité sont sur le dos et dépassent le diamètre qui sert à les limiter. L'un de ces demi-cercles sera brisé en deux quarts de cercle, qui viendront se raccorder en dessus au point milieu. Ils seront tous les deux marqués comme le cercle de marque, et bridés solidement.

L'on place un de ces demi-cercles perpendiculairement au plan de l'épure bien d'aplomb, ses extrémités suivant celles d'un des diamètres tracés sur l'épure. Le second qui est brisé en deux quarts de cercle, viendra se placer perpendiculairement au premier, une des parties venant buter exactement contre le premier demi-cercle posé, et l'autre partie venant recouvrir pour faire le raccord, et grâce à la

DES BERCEAUX.

brisuré, il n'y aura presque pas d'épaisseur au point de jonction des demi-cercles bien que le raccord soit très solide.

Au moyen d'un fil à plomb, on prendra sur un des diamètres les projections des marques tracées sur un des demi-cercles posés; les points ainsi obtenus permettent de décrire la grandeur des divers cercles horizontaux qui entrent dans le réseau rectangulaire, (voir fig. 169.)

On compte le nombre de marques restantes non couvertes sur le premier cercle de marque, et on prépare un nombre d'aiguilles égales, qui serviront à faire les demi-cercles verticaux, complétant le réseau. On marque huit aiguilles en les posant et les bridant sur un quart de cercle.

On prépare ensuite le cercle de plus petit diamètre en ayant bien soin de repérer sur l'épure, les points correspondant aux extrémités des diamètres qui les recoupent, lesquels devront dans l'exécution venir coïncider avec les milieux des deux demi-cercles verticaux de marque. Cette précaution est du reste à observer dans tout le cours de ce travail. On pose ce cercle aux marques correspondantes, on le divise en autant de parties que le grand, posé en premier, et on pose les aiguilles de marque aux points correspondants.

Tous les autres cercles sont ensuite apprêtés successivement en les débillardant, tous les coups de serpe à gauche et posés à leur marque. On divise ensuite deux de ces cercles intermédiaires pour poser les aiguilles restantes.

On fera enfin la couture en plein.

Le pied-droit s'exécutera facilement sur un cercle d'épure identique à celui fait pour la calotte. On enfonce quatre pieux choisis convenablement, aux extrémités des deux diamètres tracés, on pose les cercles de marque que nous avons recommandé de faire précédemment, puis on monte une série de montants de marque, analogues aux aiguilles employées dans la confection de la calotte, les cercles intermédiaires, et enfin les montants restants, opérant identiquement comme tout à l'heure. On pourra, à l'aide de travaux supplémentaires, enjoliver un pareil ouvrage, ainsi que le montre la figure 169.

Rotonde à maille en losange.

Pour une rotonde à maille en losange, la calotte se fait au moyen d'une carcasse montée suivant le mode employé dans le cas précédent. Cette carcasse se compose du grand cercle inférieur divisé comme une latte d'épure de maille en losange; les deux demi-cercles posés en premier n'auront pas besoin d'être marqués pour le cas actuel, ils seront placés en dedans du cercle de marque. On pose le petit cercle supérieur qui sera divisé, ainsi que quelques aiguilles et quelques cercles intermédiaires, de façon à partager soit sur la hauteur, soit sur le circuit d'une circonférence, les distances en quatre parties égales, et on divise chacun des cercles horizontaux en un nombre de parties égales entre

DES BERCEAUX.

elles, et égal à celui dans lequel a été divisé le grand cercle de marque. Ces opérations préliminaires terminées, la carcasse sera prête.

À l'aide d'un cordeau, qu'on attache en un point du cercle de marque, et auquel on donne le couché voulu en le faisant passer par les marques correspondantes des cercles intermédiaires, on mesure la longueur d'une aiguille jusqu'au cercle du haut. On prépare un nombre d'aiguilles double de celui des marques, en les affilant de loin à environ 1^m de l'extrémité, choisissant les beaux bois pour le dessus. Prenant un bois de dessous, et le cintrant et le débillardant à plusieurs reprises, on arrivera à déterminer exactement la façon d'opérer pour préparer convenablement les bois du premier coup.

Il n'y a plus qu'à poser les aiguilles en les couchant suivant la série des marques qu'elles doivent suivre, en commençant par les dessous, achevant par les dessus, puis coudre en plein et retirer de dessus la carcasse.

Ce travail qui n'exige aucune connaissance particulière, surtout pour celui qui se sera familiarisé avec les explications que nous avons données jusqu'ici, ne demande que de grands soins dans l'exécution. Ainsi, en couchant les bois sur la carcasse, on devra bien suivre les marques dans l'ordre où elles doivent être recouvertes; d'autre part le débillardage des bois devra être fait avec soin, pour que les lattes s'inclinent toutes bien parallèlement. Pour qu'une rotonde à maille en losange soit bien faite, il faut qu'en plaçant un fil à plomb devant l'œil, ce fil coupe les lattes suivant leur croisement sur toute la hauteur, (Voyez fig. 170).

Le pied-droit d'un semblable berceau se monte de la façon suivante : on commence par monter les pieux et les cercles de marque, comme dans le cas de la maille rectangulaire ; on dispose un certain nombre de montants provisoires, destinés seulement à maintenir les cercles de marque. Mesurer la longueur des bois, les pointer, dresser, leur donner quelques coups de serpe sur le plat pour pouvoir les cintrer un peu. On opérera comme pour un panneau ordinaire monté dans cette maille. On pourra l'enjoliver par quelques ornements accessoires, tels que l'indique la fig. 171.

On coupera après coup l'emplacement de l'entrée que l'on encadrera.

Enfin, les entrées analogues à des entrées de voûte peuvent s'exécuter suivant les modèles représentés fig. 176.

§ 6. Divers ornements employés pour couronner les berceaux en rotonde.

Le plus souvent on termine les berceaux en rotonde par un ornement, comme une boule surmontée d'une pointe qui s'emploie particulièrement pour les berceaux à maille rectangulaire, ou une sorte de vase pour ceux à maille en losange.

La boule de rotonde reçoit généralement comme diamètre le 1/10 de celui de la calotte du berceau. On prend un morceau de bois rond ayant pour grosseur les 2/10 du diamètre de la boule, et pour longueur trois fois le même diamètre, et on y pratique à l'extrémité une pointe ayant pour longueur le diamètre de la boule, puis on le divise en trois parties égales, et en ces points de division on pratique des encoches séparant ainsi les trois parties entre elles, et formant une petite feuillure aux extrémités de la portion médiane, enfin l'on perce, dans le milieu de cette même portion médiane, deux trous de mèche qui servent à enfiler des petits bâtons ronds ayant pour longueur totale entre leurs extrémités le diamètre de la boule, et l'on monte le pied du bâton à tenon et mortaise dans un disque chanfreiné sur le bord et de même diamètre que la boule. La fig. 172 montre un bâton préparé de cette façon.

On fait un rond ou cercle suivant le diamètre de la boule, dont la figure 173 montre l'épure, en prenant pour faire ces cercles un piéton de perche sans nœuds, que l'on coupe en morceaux de longueur égale à 3 fois la circonférence de ce rond, bien planés et montés sur le moule en assemblant les morceaux par rivure. Pour faciliter ce travail les bouts de pieux fichés sur l'épure portent une sorte de fente longitudinale dans laquelle entrent les clous, et d'où on peut les retirer facilement avec le cercle. Ce rond vient se poser sur la croix qui traverse le bâton central, et s'y clouer bien horizontal et perpendiculaire au bâton.

On fend ensuite dans un piéton des lames de bois qui aient environ 0m,02 de largeur sur 0m,01 d'épaisseur et pour longueur un diamètre et demi de la boule, qu'on plane bien en les réduisant à 0m,005 d'épaisseur, et enfin on y trace les deux axes, et l'on abat les extrémités en pointe ronde, comme le montre la fig. 174. On fera autant de ces pièces ou feuilles, qu'il y aura de fois 0m,03 dans la circonférence de la boule. Après ces préparations, il faut clouer quatre de ces feuilles par leur point central sur les quatre marques du rond, river le clou, ployer les extrémités au pouce, et les faire pénétrer dans les feuillures pratiquées sur le bâton central, et clouer les extrémités sur ce bâton. Poser de la même façon les autres feuilles en laissant un jour de 0m,01 entre deux feuilles consécutives.

Préparer une nouvelle quantité de feuilles en nombre égal, pointues à un bout rondes à l'autre, voir figure 175, que l'on vient poser en aplomb des feuilles de la boule suivant le profil indiqué fig. 172, et qui se clouent sur le bâton d'une part et le disque chanfreiné inférieur de l'autre. Enfin pour terminer complètement cet ouvrage et lui donner l'apparence représentée fig. 176, il n'y a plus qu'à former une sorte de lien rond, avec un jonc au-dessus de la boule et au point d'appui des feuilles inférieures, lien que l'on clouera comme le reste.

Le *vase* dit *Médicis*, s'emploie de préférence pour orner les berceaux à maille en losange, ou les pilastres, etc. La figure 177 le montre entièrement exécuté.

On fera bien pour monter un pareil ouvrage de tracer son profil en grandeur d'exécution, ainsi que les divers cercles qui y entrent et qui y sont représentés les uns au-dessous des autres fig. 178, puis on les coupe en deux parties de façon à les faire pénétrer dans les feuillures correspondantes du bâton central et les y clouer. A l'aide de petites bandes de tôle, on consolide ces portions de cercle entre elles.

Ces cercles sont divisés comme pour la boule et servent à monter les feuilles exactement comme dans le cas précédent.

Pour couronner le vase au moyen d'une plante artificielle, et dans ce cas on choisit de préférence l'aloès comme étant le plus facile à imiter, on découpe des feuilles de forme convenable qu'on rend très minces, et qui plongées dans l'eau chaude deviennent assez molles pour être façonnées à la main, forme qu'elles gardent en refroidissant.

Nous n'insisterons pas davantage sur la confection de ces différents ornements, que le goût et l'habileté de l'ouvrier peuvent varier à l'infini. Ces divers détails demandent beaucoup de soins dans leur exécution, en effet mieux vaudrait s'en passer que de les monter mal. Il faudra surveiller attentivement le clouage, employer des clous assez solides, et cependant qui ne soient pas trop gros pour ne pas faire éclater le bois.

§ 7. Pose des Rotondes et Berceaux à calotte sphérique.

L'on doit commencer par bien niveler le sol, à l'endroit où se pose un ouvrage de cette nature. On trace ensuite un cercle pareil à celui tracé en premier sur l'épure, qui servira d'alignement pour enfoncer les pieux. Placer ensuite le pied-droit, l'ouverture dirigée dans le sens convenable, en clouant la latte supérieure au ras de la tête des pieux, de façon à ce que ce réseau soit bien d'aplomb dans toutes ses parties. Poser ensuite la calotte de manière que son cercle inférieur repose sur le cercle supérieur du pied-droit, et coudre solidement ces deux cercles ; et dans le cas de la maille rectangulaire, on aura soin qu'un des demi-cercles de la calotte soit d'aplomb avec l'axe de l'ouverture, les habillures de la calotte et des pieds-droits doivent dans ce même cas se recouvrir exactement. On achèvera de découper le profil de l'ouverture dans la calotte, on fera tous les liens et on ne débridera l'ouvrage que lorsqu'il sera entièrement terminé. La boule de la calotte se montera bien solidement sur celle-ci avant de la poser sur le pied-droit.

Les opérations sont les mêmes pour le berceau à maille en losange. On fera bien attention à disposer les lattes de la calotte sur les points d'intersection des dessus et dessous du pied-droit sur son cercle supérieur.

§ 8. Coquille ou Berceau à calotte en quart de sphère.

Ce genre de berceau est représenté en œuvre par la fig. 182, pl. III; il nécessite pour son exécution, la construction d'une carcasse que nous allons décrire.

Tracer le demi-cercle qui forme la section du pied-droit du berceau, monter des pieux ainsi que l'on a fait pour la calotte sphérique, sur lesquels on prépare quatre demi-cercles de marque, les divisions étant toujours faites à droite et à gauche à partir du sommet de ce demi-cercle.

Préparer par un procédé analogue, un autre demi-cercle dont on trouvera le rayon de la façon suivante : on prend le point milieu sur le quart du cercle d'épure compris entre sa base et son sommet, de ce point on abaisse une perpendiculaire sur la ligne qui va du centre au sommet, cette perpendiculaire est le rayon cherché. Ce cercle sera divisé en un même nombre de parties que les grands, marquer également un quart de cercle habillé sur le dos, ainsi que quelques aiguilles la pointe en bas sur ce quart de cercle.

Enfoncer trois pieux à hauteur du pied-droit, sur le demi-cercle d'épure, un au sommet, les deux autres aux extrémités, et attacher sur leur sommet un des demi-cercles de marque qui deviendra la base de la carcasse de la calotte.

Avec les autres demi-cercles de marque, et des montants on pourra préparer le pied-droit. Inutile d'insister, ce travail est identique à celui décrit pour le berceau à calotte sphérique entière. Il faut ensuite : Disposer le quatrième demi-cercle de marque verticalement, dans le plan des pieux d'extrémité. Poser le quart de cercle sur le sommet de ce cintre vertical, et sur le pieu formant le milieu du berceau.

Placer le cinquième demi-cercle préparé sur un rayon plus petit que les quatre précédents, de façon qu'il passe par le point milieu du quart de cercle déjà posé, et vienne se fixer aux pieux fichés aux points qui divisent la circonférence de base également de ses extrémités au sommet.

Mettre enfin les aiguilles de marque des points du grand cintre vertical aux correspondants sur le petit, ajouter quelques cintres verticaux intermédiaires, attachés sur les aiguilles de marque, et toutes ces opérations terminées, la carcasse sera faite pour monter le réseau de la calotte.

La monture de ce réseau est une opération semblable à celles que nous avons décrites précédemment. Nous croyons inutile de rentrer dans les mêmes explications.

Quelquefois, cette calotte en coquille se raccorde avec un berceau en voûte dont elle forme le fond, dans ce cas les aiguilles doivent se raccorder avec les lattes de la voûte, et les cintres des deux parties coïncider exactement.

On conserve le bridage jusqu'à entier achèvement de l'ouvrage.

Souvent pour dissimuler l'arrivée des aiguilles dans un semblable berceau, on dispose en ce point une rosace appelée vulgairement artichaut, dont les figures 179, 180, 181 donnent l'ensemble ainsi que les détails des diverses pièces. Avec un rondeau de châtaignier, on forme une sorte de tête située sur son sommet (fig. 180), sur laquelle on monte une série de feuilles fig. 179, reployées sur elles-mêmes en sorte d'arc de cercle s'appuyant par la partie la plus large sur la tête préparée. Cet ornement est d'un emploi assez fréquent.

§ 9. Berceau genre chinois.

Berceau rond.

Pour établir un semblable ouvrage, il est indispensable d'en faire l'épure en grandeur d'exécution. Voici comment on procède :

Les figures 183, 184 sont le plan et la coupe verticale de ce berceau, la figure 185 un détail d'exécution, donnant le procédé pour établir le profil des aiguilles.

On décrit d'abord un cercle, dont le diamètre soit égal à celui du pied-droit du berceau. Traçons dans ce cercle deux diamètres A B, C D perpendiculaires entre eux fig. 183, pl. III, et prolongeons-les au-delà du cercle de 0^m,50. Traçons deux lignes perpendiculaires entre elles E F, E G, fig. 185, E F étant égal au rayon du cercle décrit tout à l'heure et E G au diamètre de ce même cercle, prenons sur une perpendiculaire H G à E G, une distance G H égale à 0^m,10. Au point F élevons une perpendiculaire sur E F, portons-y la longueur F O égale au 1/10 du diamètre A B ou E G. Joignons le E O, du point O comme centre, avec O F pour rayon ; décrivons la portion du cercle L K F I limité d'une part à la ligne F O prolongée, et de l'autre à la ligne E O. Enfin, joignons H I et des deux points H et I comme centre avec une longueur H I, égale à une fois et 1/2, déterminons le point R, qui sera le centre d'un arc de cercle décrit avec le rayon précédent du point R et passant par H I. Le contour H I F K L est la forme que l'on devra donner aux aiguilles de la calotte.

Sur le contour H I F K L reporté fig. 184, on fera la division correspondant à la hauteur de la maille ; des points de division obtenus, on abaissera des perpendiculaires sur l'axe du berceau, qu'on prolongera jusqu'au second profil. Les longueurs de ces perpendiculaires seront les diamètres des divers cercles entrant dans la construction du berceau, elles serviront à tracer ces cercles en plan, fig. 183. Le grand cercle A B C D sera divisé suivant la largeur de la maille, et on fouettera ces points de division sur tous les autres cercles, suivant les lignes menées par ces points et le centre.

Passons maintenant à l'exécution proprement dite.

On prépare donc le grand cercle de marque A B C D, ainsi que trois autres semblables, puis les cercles intermédiaires jusqu'à celui de diamètre G H, fig. 185, qui est le plus petit. On pose un cercle A

B C D sur l'épure et on enfonce au centre un poteau parfaitement d'aplomb, de la hauteur de la calotte. A son extrémité, on cloue quatre crochets d'épure qui servent à fixer le plus petit cercle, les marques se correspondant bien. Puis on enfile sur le pieu central les autres cercles.

Sur le contour H I F K L, on prépare quatre aiguilles de marque, plus le nombre nécessaire d'aiguilles intermédiaires. On pose les quatre aiguilles de marque de façon qu'elles tombent bien sur les deux cercles fixés, aux marques correspondantes aux points A B C D, et l'on relève les cercles qu'on avait passés sur l'axe et les fixe sur les quatre aiguilles, en observant que le point de couture corresponde toujours bien avec les marques fouettées des points A, B, C, D. Ce travail détermine la carcasse du berceau.

Pour le terminer et avant de poser les aiguilles intermédiaires, il faut poser le cercle qui forme la limite inférieure de la calotte. Si on examine bien le plan tracé fig. 183, on comprend à sa seule inspection, que les aiguilles intermédiaires sont d'inégales longueurs. En effet le plan du berceau est formé par un contour complexe. Quatre portions $a'a''$, $b'b''$, $c'c''$, $d'd''$, d'un cercle ayant pour centre le point O, égales pour chacune d'elles à 4 fois la largeur de la maille; quatre arcs de cercles $a''mc'$, $c''mb'$, $b''md''$, $d''ma''$, qui viendront bien épouser la forme du grand cercle A B C D aux points m, milieu des divisions formées, et enfin de huit autres arcs reliant gracieusement, l'une par exemple les points a' et a'' au point A et ainsi de suite pour les autres.

Toutes ces différentes portions d'arc de cercles, seront posées, après les quatre aiguilles de marque, et les cercles; l'on placera ensuite dans les triangles A $a'a$ et des portions de cercles parallèles à $a'a''$ pour les consolider. C'est alors seulement qu'on placera les aiguilles intermédiaires sur les points de division correspondants des divers cercles, et dont la partie recourbée sur elle-même correspondant au contour L K F, sera coupée aux points où elle rencontre l'arête extérieure du berceau A a' c'C c'' b' B b'' d''D d' a'' A.

On peut d'avance chercher à se rendre compte de la longueur de ces aiguilles, pour ne pas faire de perte dans le débit du bois.

Le pied-droit qui devra avoir au moins 2^m de hauteur se montera comme s'il s'agissait d'un berceau rond. La pose s'en fera également par le même procédé.

Le couronnement se fait avec une planchette ayant pour hauteur le 1/5 du diamètre, et découpée en forme de lance dont on garnit le bas avec des feuilles relevées portant de petites pièces tournées comme des sonnettes.

L'entrée d'un semblable berceau est généralement dans le même style. La fig. 186 en fournit un exemple. Ils se composent d'une planche découpée suivant le profil choisi et recouverte du treillage.

La fig. 187, pl. IV, montre la vue d'ensemble d'un berceau rond genre chinois.

Berceaux à pans.

Nous allons choisir un exemple déterminé qui permettra d'établir facilement tout autre travail analogue.

Supposons que l'on veuille construire un berceau chinois octogone ou à huit pans, tel que celui représenté fig. 188, pl. IV. On tracera sur une surface d'épure l'octogone formant la section du pied-droit, et la base de la calotte A B C D E F G H, fig. 190. On abaisse du point de centre R les perpendiculaires sur A B, et H G ; R a, R h et cette dernière on la prolonge ainsi que le montre la figure.

Dans un semblable berceau les profils des aiguilles varient selon que l'on a à s'occuper d'une aiguille dirigée suivant les diagonales ou diamètre de l'octogone comme A E, ou bien suivant les lignes telles que R a. Nous allons d'abord montrer comment se détermine le premier, puis ensuite comment de celui-ci on déduit le second.

On prolonge la diagonale G C en dehors de l'octogone, et sur les deux lignes A E, R C, comme axes, on construit la courbe de profil exactement comme nous l'avons fait dans le cas précédent fig. 185, ce qui donne le contour représenté en ponctué sur la fig. 190. Ce sera celui des aiguilles passant par les divers sommets de l'octogone. Cette même courbe est indiquée en trait plein sur la gauche de la fig. rabattue autour de la ligne R h.

Indiquons maintenant comment de cette courbe on déduira celle des aiguilles passant par les points

Treillageur, 2ᵉ partie.

tels que a. On divise le premier profil obtenu, indiqué en ponctué suivant la division correspondant à la hauteur de la maille, 1, 2, 3, 4, 5, 6, 7. De ces points on abaisse des perpendiculaires 11', 22' etc. sur la ligne A E, des points 1' 2' etc. on élève des perpendiculaires sur la direction C D, et l'on y porte les longueurs 1'' 1''' 2'' 2''' etc. respectivement égales à 11' 22' etc., on joint par une courbe tous les points tels que 1''' 2''' etc., et la courbe ainsi obtenue est la courbe cherchée.

Enfin des points 1' 2' 3' on abaisse des perpendiculaires sur la ligne R a prolongée jusqu'à la rencontre de la ligne B F, les longueurs ainsi obtenues donneront les longueurs des pans des divers octogones à placer suivant la hauteur dans le réseau. Il est évident que si l'octogone primitif est régulier, c'est-à-dire si tous ses côtés tels que A B, B C, etc. sont égaux entre eux il en sera de même pour les intermédiaires, si au contraire l'octogone est irrégulier, c'est-à-dire que ses côtés se partagent en deux groupes égaux entre eux, A B, C D, E F, G H, d'une part, et B C, D E, B H, de l'autre, les octogones intermédiaires seront de même nature, et les grandeurs des côtés du second groupe se trouveront d'une façon analogue. Il n'y aura qu'à abaisser des points obtenus sur R F des perpendiculaires à la ligne R F jusqu'à leur rencontre avec R B. Il est évident que dans ce cas il y aurait à faire aussi le profil de l'aiguille correspondant à la ligne R F, de la même façon que celle faite sur R E.

DES BERCEAUX.

L'épure ainsi préparée, l'exécution est fort simple. On prépare, on divise et on bride 16 aiguilles sur le premier profil tracé 1, 2, 3, etc.; ce sont les aiguilles de croupe ou d'arêtier, et 8 autres sur le développement de ce profil, la seconde courbe obtenue 1''', 2''' etc., sans la partie correspondant à la circonférence d'extrémité. On prépare ensuite des lattes sur les lignes menées parallèlement au côté E F dans le triangle E R F, et cela pour les huit panneaux du berceau, on porte la largeur de la maille sur la ligne E F, et on fouette toutes ces divisions sur les lattes intermédiaires. Enfonçant des petits piquets aux points A B C etc., on préparera le grand octogone A B C D E F G H, à l'aide des lattes marquées sur champ, puis le pieu central de la hauteur du berceau, au sommet duquel on fixe par des crochets d'épure, le plus petit octogone, ses marques bien en correspondance avec celles du grand.

On dispose suivant deux sommets consécutifs tels que A, B, deux aiguilles d'arêtier; on pose en dessous les lattes intermédiaires et l'aiguille correspondant à la projection R A, une des huit aiguilles préparées en second lieu. Ici comme dans le cas précédent, avant de poser les aiguilles intermédiaires, il faudra fixer la latte donnant le contour antérieur de la calotte. Cette latte se contourne à la main de la façon la plus gracieuse suivant la forme indiquée en M a N fig. 188. Les points M, N, correspondent aux points marqués 7 sur l'aiguille, et le point A doit coïncider avec le point marqué également A, fig. 190, et on aura ainsi la carcasse d'un panneau.

Il n'y aura plus qu'à poser les lattes intermédiaires dans la partie qui fait saillie sur le pied-droit, et les aiguilles intermédiaires préparées sur le profil 1''' 2''' etc., en y retranchant après la pose les bouts qui dépassent la courbe M a N.

Les huit panneaux se monteront de la même manière. Le pied-droit se compose également de huit panneaux, établis suivant un dessin déterminé. La figure 188 montre un exemple qui conviendra très bien au cas actuel. Nous ne nous étendrons pas sur le montage de ces panneaux, pour lequel on n'aura qu'à appliquer les principes exposés dans tout ce qui précède.

Le couronnement de ce berceau se fera de la façon suivante : On prépare trois octogones fig. 189 sur des planches de 0^m,027, percées au centre pour le passage d'un petit pieu qui sera fixé sur le sommet de la calotte. Les octogones enfilés sur cette brèche, puis fixés à leurs places respectives, on les garnit en chapeau à l'aide de feuilles tirées en demi-aiguilles, avec un jour de 0^m,01 entre elles, ainsi que nous l'avons expliqué pour les ornements qui terminent les berceaux ronds.

Telles sont les opérations qu'exige la préparation d'un berceau de cette nature. Quand on les aura exécutés, il n'y aura plus qu'à procéder à la pose.

On prépare 8 pieux de sciage de 0,08/0,08 avec 0^m,50 de longueur de plus que la hauteur du pied-droit; on dresse et l'on débarde deux faces suivant l'ouverture de l'angle de l'octogone. On trace le plan sur la place où doit s'élever l'ouvrage; on enfonce les pieux à chacun des angles de façon que les deux côtés dressés soient bien dans la direction des côtés de l'octogone tracé, bien d'aplomb et les têtes de niveau ; on prépare des traverses en bois de 0m,027 sur 0m,06 de largeur, qui seront placées comme cymaises à fleur de la tête des pieux, et entaillées dans leur épaisseur de façon qu'elles les affleurent. On les coupe d'onglet et les cloue solidement. Le soubassement se monte d'une façon analogue.

On assemble les huit panneaux de la calotte, on pose le couronnement par une bonne couture le long des aiguilles d'arêtier, on l'enlève et on la pose sur le pied-droit, les aiguilles d'arêtier venant se poser sur les pieux, et la latte du bas sur la cymaise, sur laquelle on la clouera. Enfin, on monte les panneaux formant le pied-droit, en les clouant sur les pieux, la cymaise et le soubassement.

Ce travail, sans présenter de grandes difficultés, est assez vétilleux, et demande des soins et de l'attention, afin que toutes les parties préparées séparément concordent bien et se raccordent sans erreur. Mais il n'est que l'application des divers principes que nous avons déjà exposés.

§ 10. Berceau genre Oriental.

Berceau rond.

Après les détails assez étendus dans lesquels nous sommes entrés, à propos de la construction des berceaux ronds, et des berceaux genre chinois, nous pourrons passer un peu plus brièvement sur ces

10*

derniers exemples. Il suffira parfaitement d'indiquer la façon dont on établit l'épure. Quant au montage et à la pose, la lecture des exemples précédents indique suffisamment la façon dont on devra procéder.

Pour faire l'épure d'un berceau genre oriental rond, représenté d'ensemble fig. 192, on trace le cercle qui a pour diamètre la largeur du pied-droit fig. 191, on le divise en quatre parties égales par les diamètres AB, CD, puis on reporte en EF fig. 93 la grandeur de ce diamètre. On élève au milieu la perpendiculaire GH égale à la hauteur de la calotte soit les 5/6 de EF, HI perpendiculaire à GH et égal à 0^m,10, on joint IF, enfin, sur la ligne HI, on prend IK égal à FG et l'on joint KG, puis des points K et G KG et des points K et G comme centre avec GL ou KL pour rayon, on décrit les deux arcs ILF, qui donnent le contour des aiguilles de la calotte.

On divise ce profil suivant la hauteur de la maille, des points de division on abaisse des perpendiculaires sur HG qui donnent la valeur des rayons des cercles du réseau. Le reste de l'exécution est tellement simple, après ce que nous venons de dire, que nous n'insistons pas davantage.

Berceaux à pans.

La figure 195 montre un berceau de ce genre, vu d'ensemble, et la figure 194 en donne l'épure. Les principes à l'aide desquels cette épure se construit sont identiquement les mêmes que ceux que l'on a appliqués pour l'épure du berceau chinois à pans, fig. 190.

On établit d'abord le profil des aiguilles d'arêtier, puis le développement de cette courbe pour les aiguilles correspondant aux deux perpendiculaires menées du centre sur le grand, et le petit côté de l'octogone. Les grandeurs des lattes se trouveront par le même procédé encore.

Il nous suffira donc d'indiquer quels sont les éléments qui permettent de tracer le profil d'aiguille d'arêtier. Sur le diamètre A O, élever la perpendiculaire O B, et porter au point B O B égal aux 5/6 du diamètre A C, porter B D égal à $0^m,10$ joindre A D, en prendre le quart le porter en A d, abaisser du point d'une perpendiculaire sur O A et la prolonger au delà du point d. De ce point comme centre avec d A pour rayon, décrire une circonférence jusqu'à sa rencontre en I avec la perpendiculaire précédente, des points I et D avec une ouverture de compas décrire deux arcs de cercle dont la rencontre donnera le point de centre de l'arc I D et D I A sera le profil cherché.

Du profil de l'arêtier on déduit les deux autres comme précédemment. A l'aide de ces trois profils, on peut construire les carcasses des panneaux des deux sortes.

Le reste du travail s'exécutera exactement comme pour le berceau chinois à pans.

Nous dirons un mot relatif à l'exécution du pied-droit, au cas où l'on veut y disposer des colonnes aux angles des panneaux, ainsi que l'on peut le remarquer dans la partie gauche de la figure 195. Pour faire cette colonne on tracera la circonférence du fût qui est uniforme sur toute sa hauteur, on découpera trois ronds sur cette circonférence dans une planche de 0m,034, en traçant sur chacun d'eux deux diamètres perpendiculaires. On préparera ensuite quatre tringles de sapin de 0m,027 sur 0m,05 de largeur et avec la hauteur de la colonne. On entaillera chacun des ronds aux extrémités des diamètres tracés, de façon à noyer les tringles en sapin dans ces entailles, et on les clouera dans ces entailles, un rond à chaque extrémité, et un autre au milieu.

Cet assemblage forme la carcasse de la colonne. On donne au soubassement 1/10 et demi de la hauteur totale, et à la corniche 1/10 seulement.

Ce soubassement se fait avec une planche de chêne carré, dont le côté sera au diamètre de la colonne comme 4 est à 3, et l'épaisseur 0m,041 puis une autre planche de 0m,027 dans laquelle on découpe un cercle dont le diamètre est à celui de la colonne comme 7 est à 6. On pousse un gorgerin dans la planche ronde et ces deux pièces réunies l'une à l'autre viennent ensemble se clouer solidement sur le fût de la colonne. Cette partie de soubassement se nomme le fût, au niveau du sommet du soubassement, on cloue un cercle plat sur la carcasse, et l'intervalle entre le dé et ce cercle se garnit avec des feuilles.

La corniche se compose de quatre petits panneaux carrés, cloués sur les tringles de la carcasse.

Le revêtement du fût et la décoration de la corniche est un des genres de travail déjà employés.

DES BERCEAUX.

Bien que n'ayant donné que quelques exemples de berceau nous croyons que leur étude permettra sans peine d'établir toute autre construction de ce genre, les principes que l'on aura à appliquer étant toujours les mêmes, et les méthodes d'application invariables.

CHAPITRE VII

ORDRES D'ARCHITECTURE. — PERSPECTIVES EN TREILLAGE.

§ 1. Des ordres d'architecture.

Pour établir un monument en treillage il est indispensable de connaître les principes élémentaires de l'architecture. Sans vouloir entrer à ce sujet, dans des développements incompatibles avec notre cadre, nous nous contenterons d'indiquer les principes fondamentaux indispensables pour concevoir, exécuter un ouvrage quelconque. Ces éléments pourront d'ailleurs être facilement développés, en consultant le manuel spécial faisant partie de la collection.

On appelle *Ordre*, en architecture, l'arrangement régulier d'une colonne composée du piédestal de la colonne et de l'entablement. Des proportions et de l'arrangement de cette partie de l'ouvrage, dépendent celles de toutes les autres.

Il y a cinq ordres d'architecture : Le Toscan, le Dorique, l'Ionique, le Corinthien et le Composite.

Voici les principes établis par Vignolle pour le tracé d'un ordre : Diviser la hauteur totale en 19 parties égales,

en prendre pour le piédestal   4
                 la colonne   12
                 l'entablement   3

Étant donné qu'on appelle *module* le rayon de la colonne à sa partie inférieure, les valeurs du double module, ou du diamètre seront obtenus ainsi :

Pour le Toscan   1/7 ⎫
      Dorique   1/8 ⎪ De la longueur de la
      Ionique   1/9 ⎬ colonne, ou des 12 par-
      Corinthien 1/10 ⎪ ties précédentes.
      Composite 1/10 ⎭

Ce module est l'unité de l'ordre, c'est-à-dire qu'étant déterminé, on pourra obtenir ensuite par une fraction de cette unité les mesures de tous les éléments qui servent à construire cet ordre.

Le module se subdivise en 12 parties égales pour le Toscan et le Dorique, et en 18 parties égales pour les trois autres ordres. Ces fractions se nomment *minutes*.

Un ordre d'architecture comporte toujours deux parties au moins, telles que piédestal et colonne, colonne et entablement, et jamais plus de quatre, piédestal, colonne, entablement et acrotère, ces quatre parties sont désignées par les lettres A, B, C, D, dans la figure 197, planche IV.

Les emplois des ordres d'architecture en construction de treillage, étaient beaucoup plus fréquents autrefois qu'aujourd'hui ; le célèbre Roubo, dans son Traité de Menuiserie artistique, s'en occupe largement. A cette époque, c'était surtout le Dorique et le Corinthien qui dominaient dans les compositions, en apportant d'ailleurs dans leur exécution certaines modifications. Mais aujourd'hui, ce genre de décoration n'a plus la même extension qu'alors, et nous pensons pour notre part que le Toscan est l'ordre qui s'approprie le mieux aux travaux que l'on peut exécuter. Malgré sa lourdeur apparente, le treillage le rend plus léger que les autres, et sa simplicité permet de l'exécuter d'une façon beaucoup plus exacte, qu'il n'est possible avec les autres ordres beaucoup plus compliqués, sans parler ici des frais considérables où entraînent l'emploi du Corinthien, par exemple.

Nous allons donner un exemple de construction architecturale exécutée dans l'ordre Toscan. L'examen des divers renseignements que nous allons exposer à ce sujet, pourrait du reste servir de guide, dans l'étude qu'on pourrait faire pour l'application d'un ordre différent, pour lequel tous les traités d'architecture fourniront les éléments que nous donnons ici pour le Toscan.

Règle générale. — Dans un ordre d'architecture, la hauteur des moulures est mesurée sur l'axe de la colonne et la saillie à partir de cet axe. Ceci posé, nous allons donner ci-après le tableau des éléments divers qui composent l'ordre Toscan.

ORDRES D'ARCHITECTURE.

DÉSIGNATION	HAUTEUR		SAILLIE	
	module	minute	module	minute
Piédestal 4m 8p				
BASE { Plinthe	0	5	1	8 1/2
{ Filet	0	1	1	6 1/2
DÉ { Congé	0	2	1	4 1/2
{ Socle	3	6	1	4 1/2
CORNICHE { Talon	0	4	1	8
{ Filet	0	2	1	8 1/2
Colonne 14m				
BASE { Plinthe	0	6	1	4 1/2
{ Tore	0	5	1	4 1/2
{ Listel ou filet	0	1	1	1 1/2
FÛT { Congé inférieur	0	1 1/2	1	1 1/2
{ Fût	11	8	1	0
{ Congé supérieur	0	1	0	10
{ Filet	0	1/2	0	11
{ Baguette	0	1	0	11 1/2
CHAPITEAU { Gorgerin	0	4	0	9 1/2
{ Congé	0	1	0	10
Totaux 18m 8p	18	1		

Treillageur, 2ᵉ partie.

ORDRES D'ARCHITECTURE.

DÉSIGNATION		HAUTEUR		SAILLIE	
		module	minute	module	minute
	18ᵐ 8ᵖ	18	1		
Colonne *(suite)*					
CHAPITEAU {	Listel	0	1	1	10 1/2
	Quart de Rond	0	2	1	1
	Larmier	0	2	1	1 1/2
	Congé	0	1	1	2
	Filet	0	1	1	3
Entablement 3ᵐ 7ᵖ					
ARCHITRAVE {	Plate-bande	0	8	0	10
	Congé	0	2	0	11 1/2
	Filet	0	2	0	11 1/2
	Frise	1	2	0	10
CORNICHE {	Talon	0	4	1	2
	Filet	0	1/2	1	2 1/2
	Larmier	0	5	1	10 1/2
	Congé	0	1	1	11 1/2
	Filet	0	1/2	1	12 1/2
	Baguette	0	1	2	0
	Quart de Rond	0	4	2	3 1/2
		22 2	22	2	

ORDRES D'ARCHITECTURE.

On appelle *Portique* l'ouvrage formé par la réunion de deux colonnes au moyen d'une arche dite *archivolte*. Une *colonnade* est une suite de colonnes reliées entre elles et presque toujours posées sur un piédestal continu dit *Stylobate*. L'*entrecolonnement* est la distance comprise entre les axes des colonnes. L'*arcade* est la partie comprise entre les pieds-droits et l'archivolte. On nomme *pieds-droits* les jambages d'une arcade, à l'aplomb des archivoltes et contre lesquels s'appuient les colonnes.

Dans l'ordre Toscan, les pieds-droits dépassent les colonnes en saillie de la valeur d'un module, si le portique est avec piédestaux, et d'un demi-module s'il est sans piédestaux.

La corniche des pieds-droits de l'arcade se nomme *Imposte*, elle sépare le pied-droit de l'archivolte.

Voici les dimensions des éléments d'un portique.

PORTIQUES		HAUTEUR		LARGEUR	
		module	minute	module	minute
Avec piédestaux	Imposte	13	1 1/2	8	9
	Arcade	17	6		
	Distance entre les axes des colonnes			12	9
Sans piédestaux	Imposte	9	9		
	Arcade	13		6	6
	Distance entre les axes des colonnes			9	6

Archivolte et Imposte	Hauteur		Saillie	
	module	minute	module	minute
Archivolte				
Plate-Bande	1	0	2	0
Imposte				
Réglet	0	2 1/2	2	1 1/2
Larmier	0	6 3/4	2	4
Congé	0		2	5
Filet	0	1 3/4	2	5

Telles sont les valeurs relatives des divers éléments qui constituent l'ordre Toscan. Nous allons en décrire une application.

Portique en Treillage d'ordre Toscan.
(fig. 196, pl. IV.)

La hauteur totale de l'ouvrage étant fixée, on divisera cette hauteur en 19 parties, on en prendra 12, et on divisera ce nouveau nombre par 7×2 ce qui donnera le *module* pour le cas actuel. Enfin en prenant le 1/12 de ce module on aura la valeur correspondante de la *minute*.

Ces deux éléments déterminés, module et minute, on tracera en élévation toutes les parties de l'ouvrage, à l'aide des tableaux précédents, en commençant par tracer d'abord l'axe général, puis celui des deux colonnes. Toutes les saillies ayant ainsi été déterminées on tracera le plan tel que la figure l'indique afin de pouvoir préparer la carcasse qui supportera le treillage.

Pour le piédestal A, découper deux planches carrées ayant pour côté la largeur du piédestal aa' et tracer les deux points de centre. Préparer ensuite des tringles de $0^m,034/0^m,034$ ayant comme hauteur la hauteur totale du piédestal plus celle de la plinthe de la colonne, soit aa''. Entailler les deux planches carrées, de façon à y loger ces tringles, et de plus percer les deux plateaux au centre pour qu'ils puissent être enfilés sur le poteau central qui aura $0^m,10/0^m,10$. Les tringles seront clouées sur les plateaux perpendiculairement aux côtés, et parallèlement entre elles. On portera sur ces tringles les divisions du piédestal, et on clouera aux endroits convenables les moulures dont la nature et les dimensions sont déterminées aux tableaux précédents.

On pourra ensuite appliquer les panneaux de treillage, établis suivant les principes exposés dans toute la partie précédente du manuel, en les clouant solidement entre les tringles de chaque face avec lesquelles elles affleurent. On fera de même pour la plinthe de la colonne.

Colonne B. — Découper une planche b sur le diamètre de la base de la colonne diminuée de $0^m, 025$ pour l'épaisseur du treillage, en placer une semblable au point b' au tiers de la colonne, puis en découper suivant les diamètres autant qu'il y aura de mètres du point b' au point b'', centrer ce plateau, à l'aide de deux diamètres perpendiculaires, percer un trou de passage pour le poteau central, entailler à l'extrémité des diamètres tracés pour pouvoir encastrer des tringles de $0^m,034/0^m,034$ ayant la hauteur de la colonne, assembler cette carcasse comme pour le piédestal, fixer les moulures à leurs places respectives, et recouvrir du tissu de treillage d'après les principes exposés pour les colonnes du berceau oriental.

Entablement et acrotère C, D. — Préparer deux planches de la largeur du diamètre supérieur des colonnes et de la longueur ee', percer le passage des poteaux de centre, et disposer aux angles des entailles pour encastrer des tringles de $0^m,034/0^m,034$ de la hauteur b''J. Ajouter quelques tringles intermédiaires, mais noyées dans l'épaisseur des planches, et fixer le tout comme pour le piédestal. Clouer les moulures à leurs placés respectives. Enfin poser les panneaux de treillage, qu'on aura préparés à part, entre les tringles d'encoignure en les affleurant.

L'archivolte et les pieds-droits s'exécuteront par le même procédé avec des bois de $0^m,027$ d'épaisseur, les panneaux de treillage se placeront dans l'épaisseur du bâtis.

On donne $0^m,20$ de scellement aux montants des bâtis des pieds-droits.

La figure 197 comporte avec elle le détail d'exécution de quelques pièces.

Voici comment se fera la pose de ce portique.

On scelle les deux poteaux du centre des colonnes, on place bien d'aplomb, on enfile les piédestaux et des colonnes et on les fixe aux poteaux, puis l'entablement et l'acrotère. Puis le treillage de l'archivolte, les pieds-droits qu'on fixe solidement aux colonnes, enfin l'entablement et l'archivolte.

Le dessous de l'entablement sera garni d'un plafond en treillage, et le dessus de l'acrotère sera souvent recouvert par une bande de zinc en dos d'âne pour empêcher les eaux pluviales de pénétrer dans le portique. On pourra par le même procédé garnir les saillies des moulures.

Ces ouvrages sont généralement peints, la carcasse d'un ton sombre pour la dissimuler, les treillages en vert, les champs et moulures d'un ton plus soutenu.

Ces constructions sont rendues aujourd'hui plus faciles à exécuter qu'autrefois, grâce à l'emploi du fer pour l'établissement des carcasses, ce qui donne plus de légèreté à l'œil et plus de solidité.

§ 2. Perspectives en Treillage.

La perspective est l'art de représenter sur une surface plane, les objets tels qu'ils paraissent vus à une distance et dans une position donnée. Elle se divise en perspective linéaire et aérienne. Nous n'avons à nous occuper que de la première.

Mettre un objet en perspective, signifie dessiner un contour sur une surface plane, de façon à figurer un objet comme l'œil le voit dans l'espace.

La perspective s'emploie dans le treillage, pour simuler le prolongement d'une allée, d'un berceau, ou en représenter un dans un endroit, où on ne pourrait placer l'objet réel.

Le point important dans l'étude d'un semblable travail, c'est la détermination du *point de vue*, c'est-à-dire du point le plus convenable pour y embrasser l'ensemble du travail. On entend par *points de distance* ceux qui servent à déterminer le lieu qu'occuperont certains objets, placés à différentes distances du dessinateur.

Notre intention n'est pas de faire un traité de perspective, nous nous contenterons d'en décrire l'application aux principaux cas que peut en présenter l'application dans le treillage. Le lecteur pourra, pour étudier cette question plus amplement, consulter le manuel spécial de la perspective, que contient la collection.

Mise en perspective d'un berceau rectangulaire.

Nous supposons que le plan du berceau soit représenté par le tracé A B C D, figure 153, pl. II, fait sur un sol bien plat.

On peut opérer de deux façons. — Par le point du centre P du rectangle qui sera le point de vue, mener une ligne parallèle à A B, et porter sur cette ligne, en dehors des côtés du rectangle, à partir de ces côtés une distance égale à 2 fois A B, ce qui détermine les points V et V', ces points sont les points de distance, mener les deux lignes P C, P D,

ORDRES D'ARCHITECTURE. 189

dites parallèles (en perspective, on appelle parallèles toutes les lignes qui aboutissent au point de vue), ainsi que les lignes c v', d v dites diagonales, (en perspective, on appelle diagonales les lignes aboutissant aux points de distance).

Les points de rencontre des parallèles et des diagonales a et b sont les points extrêmes de la perspective, c'est-à-dire ce que deviennent en perspective les points A B. La perspective du carré A B C D, est donc a b C D.

Dans la seconde méthode, fig. 152, on prend les points de distance à une distance du point de vue égale à A B, puis on divise C D en quatre parties égales, et l'on mène les diagonales d v, c v, les parallèles P C, P D. qui déterminent par leur rencontre avec les diagonales précédentes les points a b; par suite la perspective a b C D du rectangle A B C D.

Si au lieu de chercher une perspective de face, on voulait établir une perspective par enfoncement, le procédé serait analogue. Soit A B C D le plan du rectangle, figure 155, on prend le point de vue en P sur le milieu du côté B D, les points de vue v distants de P de 2 fois A B, on mène la diagonale v D, la parallèle P C, par leur point de rencontre la parallèle a b aux côtés du rectangle, A B C D sera la perspective cherchée.

La perspective verticale se détermine de la façon suivante : soit E F G H la projection verticale du rectangle à mettre en perspective, et A B C D, fig. 156, la projection en plan du berceau. On prend le point P

11'

au centre du rectangle A B C D, on porte P V égal à 2 fois A D ; on détermine les points b d par cette condition que c c égale le 1/4 de B D, on mène les parallèles P C, P A ; les diagonales v b, v d, qui par leur rencontre, donnent les points a c et la figure a c c A, est la perspective cherchée.

A l'aide de ces principes, il est facile de mettre en perspective un berceau rectangulaire à maille de même nature, d'une mesure donnée.

Traçons l'encadrement que l'on veut donner à cette figure perspective. Soit A B C D, fig. 157, déterminons les points P, V, V, comme précédemment ; divisons C D en autant de parties égales qu'il y aura de mailles suivant cette ligne, de même pour AB, menons les diagonales passant par tous ces points, ainsi que les parallèles PA, PC, PB, PD, en joignant entre eux les points correspondants de rencontre des diagonales et des parallèles, on formera ainsi le tracé en perspective de toutes les sections verticales du berceau correspondant aux montants verticaux, et aux lattes transversales. Si l'on reporte la division de la maille sur A C, et B D, en menant toutes les parallèles partant de P, et passant par les points de division tracés sur CA, AB, BD, on aura le tracé en perspective de toutes les lattes du berceau. La perspective sera limitée au fond, en vertu d'un des principes exposés précédemment.

Nous nous sommes servis du procédé correspondant au cas examiné figure 151, on peut prendre celui examiné fig. 152, le résultat sera le même.

ORDRES D'ARCHITECTURE. 191

Enfin si la perspective au lieu d'être cherchée de face, l'était par enfoncement, on opérerait à la fois comme dans les deux cas examinés figures 154 et 155.

Mise en perspective d'une voûte.

La mise en perspective d'une voûte se fait à l'aide des mêmes principes et aussi simplement.

Supposons d'abord que la perspective soit de face, fig. 158, soit G R F R' D l'entrée de la voûte ou l'encadrement de la perspective, traçons le rectangle circonscrit, déterminons les points P, V, V'. Menons la parallèle P O, le point O étant le centre du cercle R F R', entrée de la voûte ; cette ligne contiendra tous les centres des divers cercles perspectifs des cintres du berceau, ces centres seront obtenus par la rencontre de P O, et des lignes horizontales, tracées des points O où la parallèle P R rencontre les perspectives des montants correspondant aux cintres considérés. Ces lignes horizontales donnent en même temps la grandeur du rayon. La fig. indique suffisamment par elle-même le reste des opérations en tout semblables à celles de la fig. 157.

Si la perspective était cherchée par enfoncement fig. 159, on opérerait d'une façon analogue à celle employée pour la fig. 155 et le cas précédent. La ligne qui contient tous les centres est la parallèle P O, O étant la circonférence d'entrée de voûte, et les divers centres s'obtiendront par la rencontre de la ligne P O avec les horizontales menées des points où la ligne P R rencontre les perspectives des montants correspondant aux divers cintres du berceau.

Exécution du travail dans un effet de perspective.

Lorsque l'on aura à exécuter un travail de ce genre, soit par exemple la perspective d'un berceau pour être placée sur un mur et le dissimuler, on commence d'abord par tracer l'épure d'après les procédés que nous venons d'indiquer. On prépare ensuite des lattes en aiguilles, tirées du commencement de la largeur, pour venir à rien, en choisissant des bois naturellement droits qui serviront à faire toutes les parallèles et diagonales. Pour les montants, on a le soin de choisir des bois bien égaux lorsqu'ils sont dans un même plan perspectif parallèle au plan d'entrée, et diminuant successivement de grosseur, au fur et à mesure qu'ils sont destinés à figurer des plans plus éloignés. La préparation de ces bois doit être faite avec beaucoup de soins, car c'est d'elle que dépend une grande partie de la perfection du travail. Ils devront être placés suivant un triangle équilatéral, dressés en évitant les coups de serpe. Lorsque l'on formera un cadre il faudra bien prendre soin, dans la jonction des montants et du retour, que l'une des faces obtenues dans le planage soit apparente, et que les bois soient tirés en aiguille aux points de raccord de façon que les faces des montants et des retours filent bien l'un sur l'autre.

Quant au procédé de montage, il ne diffère en rien de ceux décrits jusqu'ici.

Avant de placer un panneau semblable, il est bon de passer en couleur le fond qui doit le recevoir, adoptant un ton particulier légèrement dégradé du ton d'horizon qui monte jusqu'au niveau du point de vue, et un ton ciel au-dessus. Souvent on ajoute un motif de décoration, paysage, fontaine, etc., formant le fond de la perspective, et peint sur le mur ou plancher qui reçoit le treillage.

L'étude de la perspective, donne lieu à des applications très intéressantes pour la décoration des jardins, des grands murs qui bornent la vue dans une cour d'hôtel. On en trouvera quelques exemples, dans la partie consacrée spécialement au treillage d'ornement.

CHAPITRE VIII

DU TREILLAGE D'ORNEMENT.

On est souvent conduit dans la décoration des jardins, soit pour masquer de grands murs, soit pour combler des vides, à chercher un autre moyen que l'emploi des arbres. Les décorations en treillage se prêtent parfaitement à ces divers buts. Les architectes les emploient très fréquemment, et avec grand avantage dans beaucoup d'endroits où des constructions plus solides compromettraient l'aspect du paysage.

On a recours aussi à ce mode de décoration dans les jardins entourant les hôtels, où l'étendue généralement restreinte est dissimulée à l'aide d'effets empruntés à la perspective.

L'emploi du treillage dans ces décorations exige nécessairement la connaissance des principes d'architecture que nous avons développés dans la partie précédente.

Du reste, l'imagination de l'ouvrier pourra avoir une certaine liberté dans la composition de ces travaux, et sans suivre rigoureusement les principes exposés, il devra toujours au moins s'en inspirer. Il ne faut pas perdre de vue, qu'un semblable

TREILLAGE D'ORNEMENT. 195

travail ne doit jamais présenter l'aspect d'une construction massive. Si l'on a construit autrefois de véritables palais en treillage, travaux sur lesquels on trouvera d'amples renseignements dans l'ouvrage de *Roubo*, cette mode a été, avec raison, délaissée aujourd'hui.

Nous allons décrire en détail quatre types d'ouvrages. En les étudiant avec soin, on y trouvera rassemblés tous les principes, permettant ensuite sans difficultés d'établir telle construction qu'il plaira d'imaginer.

§ 1. Pavillon de repos de style oriental.

Nous supposons que l'on veuille construire un pavillon de repos de style oriental, dont l'emplacement est choisi au voisinage d'une serre avec laquelle il communique et sur laquelle la vue se projettera. Cette construction se compose de trois pièces, la pièce de milieu pouvant servir soit de salle à manger l'été; soit la salle de billard, et qui communique avec la salle de gauche formant une sorte de petit salon. La pièce de droite, qui ne communique pas directement avec les autres, est destinée à un petit fumoir.

Cette construction à première vue si compliquée, est cependant d'une exécution fort simple. Elle se compose d'une double carcasse en bois, sur laquelle seront montés les divers panneaux qui concourent à la construction de cet édifice. Une double toile assez claire pour laisser passer l'air et recouverte d'un ton plus ou moins foncé de peinture, mais toujours uni, sera tendue sur les deux faces de la charpente qu'elle dissimule et formera un fond au treillage. La couverture est en verre à l'instar de celle employée dans les serres et recouverte de claies à ombrer. Un chéneau situé sur chaque versant recueillera les eaux pluviales, et au moyen de deux tuyaux de descente les conduira hors de l'édifice. Le parquet sera simple, car dans le cas actuel on le recouvrira généralement de tapis. Il sera bon de le poser sur un soubassement en maçonnerie, l'isolant du sol, afin de prévenir les effets dus à l'humidité. Inutile d'ajouter que l'ameublement doit être de même style que la construction. La figure 200, pl. V, fait voir l'aspect général de cet ouvrage.

Assemblage de la charpente.

Les proportions de la construction étant arrêtées, il faudra d'abord en tracer le plan détaillé et coté.

On commencera par tracer l'épure de l'élévation des deux faces, voir fig. 209. A cet effet on préparera un sol bien plan et de niveau, on fouettera des lignes suivant l'épaisseur des poteaux, puis les croisillons, observant que les baies a, b, c, d, coïncident avec les ouvertures de la face.

La charpente du fumoir, indépendant du reste de la construction, sera l'objet d'un tracé spécial.

Le plancher sera également tracé. Les pièces de bois le composant sont indiquées en traits ponctués, fig. 206, 207 et 208.

TREILLAGE D'ORNEMENT.   197

Nous allons donner ci-après le détail des bois employés pour ce travail.

Les poteaux seront en bois de 0,08/0,08; les croisillons et les traverses en bois de 0,08/0,04. Le plancher sera en même bois que les croisillons et les traverses. Pour les deux façades des deux pavillons représentés en E et G, fig. 200, il faut :

20 Petits poteaux
12 Cours de grande traverse
 4   »   petite   »
 5 Croisillons   o (fig. 209)
 4   »   p
 4   »   q
 8   »   r
24 Petites traverses d'épaisseur
20   »   »   taquets pour saillie
(voir fig. 206 et fig. 203)

La charpente des côtés se compose de :

24 Poteaux
18 traverses
12 grands croisillons
12 petits   »
36 petites traverses d'écartement.

Le comble est monté en charpente, et composé de :

4 fermes simples
3 fermes doubles.

Ces fermes sont du même bois que les traverses à tirants formant solives, de façon que le comble et le plancher soient bien en correspondance. Les arbalétriers forment chevron; le faîtage assemblé entre les fermes est soutenu par les poinçons passant par dessous les arbalétriers.

L'assemblage en fer destiné à recevoir la vitrerie se compose de châssis de grandeur convenable, garnis de petits fers ou de petits bois pour recevoir les vitres; ils se posent à demi-bois sur les fermes. Leur longueur est égale à bb', voir fig. 203, dépassant de $0^m,15$ par dessous les bandes de faîtage; et de $0^m,15$ par dessus les bandes de chéneaux.

Voici comment on procèdera pour assembler la carcasse :

On met sur l'épure les bois entrant dans la partie A de la figure 209. Il faut répéter quatre fois cette figure. Pour deux d'entre elles les traverses et les croisillons seront en dessous, et pour les deux autres en dessus, de telle sorte qu'au levage, les traverses et les croisillons seront en dedans. On posera donc les bois dans l'ordre suivant : 1° croisillons, traverses et poteaux; 2° poteaux, traverses et croisillons.

Les assemblages se font à mi-bois avec des boulons de serrage de $0^m,015$, les têtes des boulons sur la face noyée dans le bois et les écrous de serrage à l'intérieur. Tous ces boulons sont figurés par des points sur la figure 209.

Lorsque ces quatre parties seront montées, chacune séparément et solidement boulonnées, on les assemblera deux à deux de façon que les traverses et les croisillons soient en dedans. Cet assemblage se fera au moyen de petites traverses d'épaisseur, montées à tenon et mortaise sur les poteaux à côté des traverses. On ne chevillera d'abord que provisoirement, afin de pouvoir démonter lors de la pose.

La partie G de la figure 209 montre la coupe en profil de cet assemblage.

Il faut remarquer que dans les deux panneaux formant les côtés de la construction, il n'y a que deux poteaux au lieu de quatre, puisqu'ils viennent se poser contre les poteaux de la façade, et qu'en chacune des arêtes de jonction des façades, il y aura six poteaux de groupés, voir fig. 206. Ces panneaux de côté auront donc la largeur des façades latérales, diminuées de l'épaisseur des charpentes des grandes façades.

L'assemblage des charpentes montées sur chaque façade, se fera avec des traverses d'épaisseur comme il est dit plus haut.

Quant aux fermes, les arbalétriers c, fig. 203, s'assembleront dans le bas avec le tirant e, et dans le haut entre eux par des boulons. Le poinçon f sera assemblé à tenon et mortaise au tirant, les contre-fiches d, seront doubles et formeront moises avec les arbalétriers et le tirant, elles seront également fixées avec des boulons.

Toutes ces pièces de charpente devront être repérées avec soin, afin de les retrouver facilement, lors de la pose sur place. Il sera bon pour cela d'employer les notations usuelles de la charpente, et l'on pourra trouver tous les renseignements sur ce sujet, dans le manuel spécial de l'encyclopédie.

D'ailleurs le principe qu'il faut appliquer dans ce travail de marque est le suivant : 1° Une marque générale pour toutes les pièces entrant dans un même ensemble, 2° une marque particulière répétée sur les deux faces des deux pièces de bois, au voisinage de leur assemblage.

La charpente de la carcasse ayant été préparée comme nous venons de le décrire, ce qui du reste est comme on vient de le voir assez simple, les bois seront repérés et serrés par parties d'ensemble, pour les poser plus tard sur l'emplacement définitif.

Préparation du treillage extérieur.

Les chapitres précédents de ce manuel, donnent avec tous les détails nécessaires, les moyens d'exécuter selon tel ou tel genre de treillage. Nous n'avons donc ici qu'à indiquer la composition et l'ordonnance du travail, renvoyant à ce qui précède pour les procédés d'exécution.

1° *Pavillon formant salon* (Partie G, fig. 200).
Le travail à exécuter comprend :

      2 Panneaux de face
      2 » latéraux sur le même dessin, mais avec des mesures propres.

Dans ces panneaux entrent :

    Les pilastres a
    La baie c
    L'entablement d
    Le fond e.

TREILLAGE D'ORNEMENT.

Pilastre. Voir en a partie G, fig. 200.

Il se compose de trois parties : le soubassement, le pilastre proprement dit ou fût, et le chapiteau.

On bat le cordeau sur une table d'épure, suivant le dessin du pilastre, marquant la largeur des bois, et passant du blanc de Meudon entre ces traits au bouchon de liège, afin de fixer le dessin sur la table de travail.

Sur cette maquette, on exécute le tracé suivant la nature de la maille, comme nous l'avons indiqué dans la première partie. Tous les bois employés dans un semblable travail, devront être proprement rabotés, et mesureront de $0^m,02/0^m,005$ pour les encadrements, et $0^m,015/0^m,005$ pour les remplissages ; ils sont cloués et rivés.

Pour réunir les diverses parties composant une même pièce, comme dans le cas actuel le soubassement et le fût, on cloue en haut du soubassement une traverse mesurant $0^m,04/0^m,005$ et formant feuillure, sur laquelle viendra se fixer le fût. Cette moulure dissimule le joint des deux pièces.

Les petites rosaces qui ornent le fût, sont des pièces rapportées et faites, ainsi que nous avons décrit ce travail, à propos du *berceau.* Une traverse de recouvrement servira à relier le fût et le chapiteau comme il a été fait pour le soubassement et le fût.

On fera quatre pilastres identiques à celui représenté en a partie G, fig. 200, puis quatre autres destinés aux faces latérales et ne différant des premiers que par la suppression des pointes *b* sur le fût et le chapiteau.

Baies. — (Voir en *c* partie G, fig. 200).

La baie se compose de quatre parties: Le cadre, la rosace, les ailes, le soubassement. La maille employée est une maille en losange, on commence par faire le réseau simple en losange, puis on achève la décoration particulière de la façon suivante : le soubassement est simplement garni, le pied-droit est garni une maille sur deux, la voussure avec des garnis posés alternativement d'un sens et de l'autre. Nous rappelons ici que dans la maille losange, *garnir une maille* s'entend lorsque l'on pose dans la maille un bois parallèle à l'un des couchés, et *doubler une maille* lorsque l'on en pose parallèlement aux deux couchés.

Il y a quatre panneaux semblables à faire avant de les retirer du panneau d'épure, on aura bien soin de les brider solidement pour éviter toute déformation.

La rosace s'exécutera avec trois cintres, un en bois de 0^m,020, un autre en bois de 0^m,015 et le dernier en bois de 0^m,010 ; toutes les lattes aboutissant au cintre seront taillées en aiguilles.

Les ailes sont formées avec trois parties du cintre, celle qui vient s'appliquer sur l'encadrement sera en bois de 0^m,020, les autres en bois de 0^m,015. Ce même bois servira aussi pour les aiguilles. Le soubassement d'appui est formé d'un panneau en maille rectangulaire décoré ainsi que le montre le dessin, par un doublage posé alternativement parallèle aux deux sens du réseau. Lorsque ce panneau est monté on reporte à la partie supérieure, une traverse formant main courante.

De l'entablement. — (Voyez en D, fig. 200). L'entablement se compose de quatre parties. Le panneau supérieur à redents, en maille rectangulaire; les deux du milieu et l'inférieur formant des dents. Les entourages se font en bois de 0^m,02 et les remplissages en bois de 0^m,015. Le panneau du haut se trace en mailles rectangulaires, puis on retranche les mailles qui remplissent les redents. Il faut avoir le soin de proportionner la division de façon à arriver juste pour la longueur du panneau.

Dans le panneau à redents, on rapporte par dessus une traverse formant saillie de 0^m,020 sur 0^m,003 d'épaisseur couvrant le joint avec celui des dessous. On garnit de même l'arête supérieure du dernier panneau avec une autre traverse à saillie de 0^m,02/0^m,02.

Fond de la façade. — (Voir en e, fig. 200). C'est un simple panneau à maille rectangulaire dont la forme sera donnée sur l'épure. On remarquera que dans le bas on a ajouté un garni, afin de faire une décoration régnant avec les soubassements des pilastres et des baies.

2° *Pavillon central.* — (voir Partie E, fig. 200).

La façade du milieu comprend quatre parties :

    Les pilastres f
    Les voussures et le fond g

Le bandeau d'entablement *h*
L'auvent *i*
Le minaret *j*

Pilastres. Les bois employés seront en $0^m,02$, ceux placés verticalement seront tirés en aiguilles.

Il faudra faire quatre pilastres et quatre demi-pilastres, composés d'un fût et d'un chapiteau, les soubassements seront en planches de $0^m,027$.

Il sera bon en faisant les demi-pilastres, d'en monter deux faces sur table, c'est-à-dire dans le sens opposé des autres, ce qui permettra de les mettre tous dans le sens de leur face. Cette précaution n'est réellement indispensable qu'au cas où, n'étant pas pareils haut et bas, on ne peut les retourner.

Voussures et fond. Si la chose est possible, il y aura avantage à exécuter cette partie d'une seule pièce. On tracera le travail entier sur l'épure, on le montera avec des bois de $0^m,020$ comme un panneau ordinaire à maille en losange avec les modifications suivantes. On placera l'encadrement du panneau, ainsi que le double encadrement des baies; puis le couché de dessous de la maille, de façon que dans le côté gauche des baies, les montants viennent s'attacher par dessous à l'encadrement du bas, passant dessous l'encadrement du haut. Lorsque l'on mettra le couché de dessus, on fera descendre les montants sur le côté droit des baies jusqu'au deuxième encadrement en passant par dessous. Pour former le dessin des voussures, il n'y aura plus qu'à garnir les mailles en dessus.

Bandeau. On emploie du bois de 0^m,020. Son exécution est assez simple pour ne pas exiger ici de détails.

Auvent. L'auvent se compose lui-même de quatre parties : le dessus, la couverture et les deux côtés.

Le dessus cintré en quart de rond, se fera avec des bois de 0^m,020, ainsi qu'on fait les voûtes de berceaux. La couverture et les côtés sont de simples panneaux à maille rectangulaire.

Minaret. Le minaret se compose de huit parties : Le soubassement, trois portions de fût, deux bandeaux, le couronnement et la guérite.

La guérite se fait généralement à l'aide d'un simple panneau dans lequel on met un peu de perspective pour simuler une calotte sphérique.

Préparation du treillage intérieur.

1° *Pavillon formant salon.* (Partie G, figure 200).

Le *plafond* représenté fig. 207 se compose d'un fond encadré d'un bandeau.

Ce bandeau est ce que l'on nomme une maille grecque. C'est la maille rectangulaire, garnie d'une croix de St André. Son exécution d'apparence assez simple, réclame cependant beaucoup de soins. C'est pourquoi nous allons donner quelques explications sur la manière dont on devra s'y prendre.

On trace le dessin sur une planche, et l'on monte face sur table, c'est-à-dire que la face de l'ouvrage pose sur la planche pendant le montage.

Treillageur, 2ᵉ partie. 12

On pose d'abord les deux lattes extérieures, que l'on fixe solidement sur la table, puis les montants perpendiculaires aux premiers, et pour ne pas faire de fausse coupe, et opérer rapidement, on ne coupe que lorsque les montants sont cloués, les prenant ainsi successivement dans une même latte. On pose ensuite les croisillons, en n'en mettant d'abord qu'un par maille, et le plaçant alternativement de droite à gauche, puis de gauche à droite en passant d'une maille à celle située au-dessus. En opérant ainsi, toutes les coupes se suivent et l'ajustage est beaucoup plus exact. Lorsque l'ouvrage est achevé, on le retire de dessus la planche, coupant et limant les pointes de clous qui dépassent.

Pour des panneaux quelconques, à maille grecque, les habillures se font comme pour les panneaux ordinaires.

Le panneau de fond se fait à maille en losange, on double en demi-maille tout autour du bandeau, de plus on double les quatre mailles entourant le point de centre, sur lequel on pose une rosace.

Pieds-droits. Les pieds-droits se composent d'un stylobate, d'une bordure et d'un fond. Voir fig. 203.

Le stylobate se fait avec une maille appelée, *maille montée double.* Un panneau exécuté ainsi, doit se terminer à chaque extrémité par une petite maille, d'où une difficulté. Voici comment on divise un pareil panneau.

Si l'ouvrage exige plusieurs panneaux, ils devront être tous exactement de la même longueur, sauf le panneau de talon du côté où l'on commence. Ce talon aura en plus de longueur, la largeur du montant d'encadrement.

Ceci fait, on choisit une latte bien droite de la longueur des panneaux, et on tracera sur le plan d'épure une ligne plus longue que cette latte, de telle sorte que l'on y puisse porter un nombre entier de fois le quadruple de la longueur de la division de la maille. Des extrémités de la ligne ainsi divisée, avec une ouverture de compas égale à la longueur de la ligne totale on décrira deux arcs de cercle, et l'on joindra leur point de rencontre aux extrémités de la ligne. On formera ainsi un triangle dont les trois côtés sont égaux et l'on joindra le sommet à tous les points de division de la base. Si l'on place maintenant la latte préparée, de telle façon que ses extrémités reposent sur les côtés du triangle, en même temps qu'elle reste parallèle à la base, les points où viennent la rencontrer, toutes les lignes abaissées du sommet donneront la division exacte de la latte.

Cette méthode générale pour diviser une ligne en un certain nombre de parties égales, est beaucoup plus rapide et plus exacte que le procédé routinier, qui consiste à chercher par tâtonnements au compas cette division directement sur la longueur donnée.

Le calcul de quatre en quatre indique que cette maille sectionne par groupe de quatre divisions. Le panneau se monte ensuite suivant les principes généraux exposés dans la partie précédente.

Le fond se monte en réseau à losange, par le même procédé que celui qui sert à faire le stylobate. Il faut qu'un montant arrive à chaque angle et qu'il y ait une petite division de chaque côté du montant d'angle.

La bordure est composée de ronds de $0^m,10$ de diamètre, séparés par de plus petits de $0^m,03$ de diamètre seulement. Ces ronds sont faits sur un mandrin, montés sur une planche bien rabotée et renfermés entre des lattes d'encadrement. Il est inutile de dire que l'on doit s'arranger dans la division pour que les angles soient occupés par un cercle de grand diamètre. La méthode exposée précédemment facilitera beaucoup la division à faire.

Tableaux ou épaisseur des Baies. L'épaisseur des ouvertures se garnit avec des panneaux dont le dessin est représenté en D, fig. 202. Cette garniture comprend deux pieds-droits, un appui et la partie cintrée. La figure montre les dessins adoptés pour chacune de ces parties, qui sont les répétitions de dispositions que nous avons déjà décrites.

On garnit tout le bas du treillage avec une frise en bois plein, de $0^m,11$ de haut sur $1^m,015$ d'épaisseur.

2° *Pavillon central.* (Partie E, fig. 200.)

Le *plafond* (voir fig. 208) se compose d'une bordure à angle a, de rosaces d'angle b, d'un fond c et d'une rosace centrale d.

Dans la bordure, on fait venir les rosaces d'angle avec deux des bandes soient les plus longues, et les deux bandes courtes composées seulement du dessin intérieur.

Les rosaces d'angle *b* se font avec une planche découpée suivant la forme générale, sur laquelle on cloue le treillage.

Le fond se fait en quatre parties semblables deux à deux et déterminées par les diagonales du rectangle qui le circonscrit, en ayant soin pour tracer ce rectangle, de laisser un champ de $0^m,05$ entre l'encadrement de la bordure et du fond. On voit sur la figure 205 que le dessin adopté pour chacun des triangles simule un effet de perspective, mais on pourra simplifier en ne cherchant pas une perspective rigoureusement exacte. Il suffit de graduer l'écartement des lattes parallèles à la base d'une façon satisfaisante pour l'œil. Tous les montants, c'est-à-dire les lattes qui vont du sommet du triangle à la base, seront tirés en aiguilles.

La rosace du milieu est formée d'une couronne ovale, et d'une rosace en feuilles avec bouton, le tout est cloué sur une planche découpée à la mesure de la rosace.

Pieds-droits. — Cette partie de l'ouvrage est représentée en A, fig. 202; elle se compose d'un stylobate, d'un fond et d'un encadrement.

Le fond est à maille en losange sectionnée. C'est le travail ordinaire de la maille en losange, avec cette particularité que le nombre des divisions est pair. Ce panneau est monté avec des bois de $0^m,020$.

On pose d'abord l'encadrement, ensuite les bois couchés en dessous, les montants intermédiaires cloués sur les précédents, enfin les bois couchés dessus cloués sur ces montants. On voit que dans ce cas il y a trois épaisseurs de bois superposés, aussi emploiera-t-on des bois moins épais que dans les autres cas. L'arasement des bois se fait en biais.

Quelquefois on pratique à l'extrémité de ces bois des pointes à la gouge, ainsi que le montre une partie de cette figure, et dans ce cas, en coupant les bois, on leur laisse un peu plus de longueur environ 0^m,04.

La bordure se monte sur une planche dressée et rabotée, sur laquelle on cloue une série de triangles découpés dans une planche semblable, laissant entre eux 0^m,06 de champ, dans lequel on rapporte une baguette de 0^m,02. Aux quatre angles on cloue un ornement quelconque.

Le stylobate est formé d'une maille rectangulaire divisée de façon à correspondre avec le réseau du fond. On double une maille sur deux en échiquier par une croix droite.

Le tableau, se fera exactement comme pour le petit salon, en suivant le déssin représenté en fig. 202.

Pose de la construction.

On assemble les charpentes des quatre côtés et des refends. On lève les deux côtés et les refends que l'on placera d'aplomb, puis qu'on assemble en les boulonnant.

Le comble sera posé et maintenu sur les poteaux, par des boulons, réunissant les tirants aux poteaux, enfin le faîtage du comble qu'on assemblera ainsi que nous avons dit.

Couvertures. — On recouvre le faîtage, en y clouant une bande de zinc qui recouvre également les châssis vitrés de 0^m,15.

Les chéneaux conduiront l'eau dans des tuyaux de descente dissimulés dans les massifs des quatre poteaux d'angle, figuré en *i* sur la figure 209, et l'amèneront en dehors de l'édifice.

Les châssis vitrés seront placés et fixés sur le comble de façon qu'ils reposent sur le bord des chéneaux en dépassant de 0^m,15. On les recouvre avec des claies à ombrer.

Plancher. — Si l'édifice est monté sur un petit mur, on pourra poser le plancher sans lambourdes ; sinon, on scellera les lambourdes sur de petits dés en briques, afin de laisser passer l'air et éviter l'humidité.

Toiles. — On tendra des socles sur les deux faces de toutes les charpentes, ainsi que sur les plafonds, et on les tendra bien soigneusement.

Peinture des treillages et des toiles.

On pourra dans un semblable ouvrage, opérer de la façon suivante :

On fera les toiles de plafond en bleu clair, les fonds en vert d'eau, les pilastres et les épaisseurs des baies en rose tendre. Pour la grande salle on adoptera le gris blanc pour le treillage, les fonds en beau vert foncé, les encadrements rechampis en rouge vermillon. Les pilastres en bleu tendre avec décor en vermillon; les bandeaux de la même façon. Les entablements comme les fonds, mais avec un ton différent de vert, l'auvent tout entier en vert; pour le minaret, le fût en jaune, le bandeau vermillon ainsi que le couronnement, la guérite en vert, la calotte jaune d'or.

L'intérieur de la petite salle, sera généralement vert, les ronds en bleu, et les encadrements en vermillon. Le plafond fond-vert, décor vermillon ainsi que les encadrements.

Pour l'intérieur de la grande salle on pourra adopter les tons suivants : vert sur vert, dessins et encadrements vermillon, quelques détails jaune.

D'ailleurs il n'y a aucune règle précise à invoquer ici, c'est évidemment une affaire de goût personnel de la part de celui qui exécute ce travail.

Construction du marabout (Partie M, fig. 200).

Il nous reste pour achever de décrire la construction de l'édifice, à expliquer comment est formé le petit pavillon situé à droite, dit marabout, destiné à former un petit fumoir isolé des deux autres pièces.

Il se compose d'un berceau en rotonde, posé sur un pied-droit carré, le tout soutenu par une charpente.

La calotte se monte ainsi que nous l'avons décrit dans le chapitre consacré aux berceaux.

Le pied-droit se compose de quatre panneaux semblables, avec trois portes, et une porte fausse sur le panneau appliqué contre la grande salle. La charpente est figurée dans la partie L à droite de la figure 209. Quant au treillage il se compose de pilastres, de fonds à maille en losange, d'encadrement de porte en maille grecque, et d'un bandeau en deux parties, ces divers ouvrages n'étant que la répétition de ceux employés pour les grandes salles, nous n'insisterons pas davantage.

On tendra également des toiles, et on garnira ainsi la coupole. On pourra peindre la calotte en jaune, le bandeau en bleu encadré de vermillon, les pilastres et l'encadrement de la baie en vermillon, le fond et le soubassement en vert.

Observations générales.

Nous nous sommes étendus avec assez de détails sur cette construction, qui, bien que très compliquée en apparence, est certainement assez simple, et dont l'étude pourra permettre de combiner sans difficultés, tout autre travail de ce genre.

Pour compléter cette étude sur l'emploi du treillage d'ornement, nous allons donner trois autres exemples dans lesquels on s'est proposé des effets de perspective. Ces exemples démontreront suffisamment l'emploi de tous les genres de mailles, qui trouvent chacun une application, sauf la maille en ogive, qui est spécialement consacrée à remplacer les grilles en fer sur les baies de murailles.

214   TREILLAGE D'ORNEMENT.

Un principe qu'il faudra toujours observer, c'est que le format de la maille, doit être en harmonie avec le style que l'on adopte. Pour les fonds, choisir toujours une maille telle que les baies puissent l'épouser ; préparer avec grand soin les diverses épures, et enfin au fur et à mesure de l'exécution séparée des divers panneaux entrant dans l'ouvrage, bien repérer afin de pouvoir opérer ensuite avec rapidité et sans aucune confusion.

Voici par exemple comment on devra opérer dans la construction du pavillon oriental que nous venons de décrire.

G   *Petit salon se composant de*

	2 Façades et 2 côtés soit :	4
a	Pilastres avec pointes b,	
	p' les façades 4 }	8
	Sans pointes p' les côtés 4 }	4
c	Baies ou ouvertures	4
d	Bordures d'entablement	4
e	Fond des façades	

E   *Grande salle se composant de deux façades semblables*

f	Pilastres entiers	4 p' façade }	8
	Demi-pilastres	»	2
g	Fonds et baies		2
h	Bordures d'entablement		2
i	Auvents		2
l	Côtés de l'auvent		2
k	Minaret		

TREILLAGE D'ORNEMENT. 215

D   *Plafond se composant de :*

a	Bordures	4
b	Fond	1

5

11   *Faces intérieures se composant de :*

g	Fonds	4
h	Bordures	20
f	Stylobate	8

B   *Tableau ou épaisseurs des baies*   13

i	Pied-droit	8
k	Centre	4

F   *Plafond se composant de :*

a	Bordures	4
b	Rosace d'angle	4
c	» de milieu	1
d	Partie de fond	4

14

A   *Pieds-droits se composant de :*

a	Fonds	2
b	Bordures	9
c	Stylobate	3

15

C   *Tableau des baies*

d	Pied-droit	2
e	Cintre	1

M   *Marabout se composant de :*

n	Pilastres	4
o	Fonds avec portes	4
p	Bandeau d'entablement	4
q	Calotte	1
r	Raccords d'angle au plafond	4

17

Total des pièces à faire   **146**

On a donc 146 parties principales de treillage, se composant chacune de un ou plusieurs panneaux; dans ce dernier cas il sera indispensable de les repérer ainsi que nous l'avons indiqué dans les chapitres précédents.

En procédant ainsi, il est impossible de commettre une erreur qui soit préjudiciable à l'ensemble du travail.

§ 2. EMPLOI DE LA PERSPECTIVE.

L'emploi de la perspective, s'impose dans le treillage d'ornement, soit pour dissimuler un mur, une allée; soit au contraire pour en simuler une. Quelquefois la perspective en treillage est employée avec une allée plantée d'arbres suivant les lignes perspectives, produisant par eux-mêmes le même effet, on obtient ainsi des apparences d'éloignement considérable, surtout si le fond de la perspective est garni d'un sujet de peinture.

Construction accompagnant une allée plantée en perspective, fig. 210.

La construction représentée fig. 210, est employée dans le dernier cas que nous avons indiqué. Une certaine longueur d'allée a été plantée en perspective près d'un rond point situé à une extrémité de la propriété; elle forme le prolongement d'une autre allée qui aboutit sur le même rond point que traverse une troisième allée longeant le mur clôture de propriété, et qu'un massif de verdure en sépare.

EMPLOI DE LA PERSPECTIVE. 217

Cette amorce d'allée s'établit elle-même suivant les principes de la perspective que l'on applique au treillage en se conformant de plus aux remarques suivantes.

Les premiers arbres devront être en général des peupliers à feuilles assez larges et de nuance assez foncée, puis on choisira ensuite des arbres moins élevés à feuillage plus menu et plus clair, au fur et à mesure que la distance augmentera. La nature du feuillage doit être bien prise en considération, car la grandeur des arbres pourra toujours être facilement réglée, par la taille annuelle.

L'ouvrage se compose d'un berceau carré conduisant à un kiosque figuré sur un fond de peinture. Il faut avoir le soin de choisir toujours dans ce cas, un treillage simple, dépourvu de tout ornement supplémentaire.

Construction placée sur un mur et donnant un effet lointain, fig. 205.

La construction représentée fig. 205 est placée contre un mur, séparée d'une orangerie par une allée ; elle est destinée à former une vue de lointain située dans l'axe de l'avenue de l'orangerie. Le style de la construction sera le même que celui de l'orangerie, à laquelle elle fait en quelque sorte pendant. Le fond du berceau donnant la perspective, est garni d'une toile peinte, où l'on a représenté un rond point avec jet d'eau.

Ce travail se compose de sept parties :

Treillageur, 2ᵉ partie. 13

Les grands pilastres
L'entablement
L'acrotère
Les vases
Le fond
L'archivolte
La perspective et le fond.

Les grands pilastres sont composés de quatre parties : le soubassement, le fût, le chapiteau et le bandeau de l'acrotère. Le chapiteau est lui-même en trois parties, soit donc en tout sept panneaux pour un pilastre. On rapportera sur la traverse supérieure du soubassement, une autre traverse formant feuillure pour recevoir le bas du fût, et qui formera en même temps saillie de moulure. On en rapportera de même une autre en forme de doucine, entre le fût et le chapiteau, qu'on retournera sur les côtés. Le chapiteau et le soubassement seront montés sur deux planches de 0^m,01 d'épaisseur pour former une saillie sur le fût. Le tout sera monté sur une planche de 0^m,034 d'épaisseur, de façon à former saillie sur l'ensemble.

Le bandeau d'entablement est composé de trois parties, et d'une moulure qu'on disposera sur le fond, avec des saillies égales à celles des parties correspondantes du chapiteau sur le fût. Les vases se font en applique par demi-vases.

Le restant de l'ouvrage n'est que l'application des principes déjà exposés. Le fond du treillage sera peint vert d'eau, le treillage lui-même en beau ton

EMPLOI DE LA PERSPECTIVE. 219

vert soutenu, les encadrements et rechampis en vert foncé.

Construction employée pour masquer un pignon, fig. 204.

Ce modèle plus compliqué que les précédents est destiné à masquer un pignon dans une cour d'hôtel.

Ce travail se compose dans son ensemble d'un grand portique, servant d'entrée à un grand berceau central conduisant à un lieu de repos dans la verdure simulé en peinture; et de deux allées latérales conduisant au même point et communiquant avec le berceau central. Le tout forme trois perspectives, une centrale, et deux de côté; qui devront être disposées pour être vues de toutes les ouvertures de la façade en regard du pignon, c'est-à-dire que le point de vue devra être placé à une distance du cadre égale à celle qui existe entre la façade et le pignon.

Ce travail est composé de six parties :

      Les pilastres
      L'entablement
      Le fronton
      La perspective de face
      La perspective cintrée de côté
      La perspective droite de côté.

L'exécution de ces diverses parties n'offre rien de nouveau après les détails que nous avons donnés sur des travaux analogues. Nous ne parlerons donc que des trois perspectives. La perspective de face se fait suivant un tracé combiné avec l'éloignement de l'hôtel, les deux autres seront combinées avec le premier comme l'indique la figure.

Le groupe formé par les chaises et la table, peut aussi s'exécuter en relief. On fait la perspective d'un cercle ayant pour diamètre celui de la table, et on l'orne comme le montre le dessin, puis on façonne les chaises à la main. Ces accessoires seront exécutés en bois rond et cloués sur une planche de fond.

Le fond de la perspective figurera un paysage peint, et le treillage sera en vert avec les encadrements d'un ton plus foncé. La partie représentant le sol de la perspective, pourra figurer un carrelage ou toute autre décoration.

Tels sont dans leur ensemble les divers principes, qui permettent d'exécuter tous les ouvrages de treillage d'ornement. Il est bien évident qu'il reste dans des travaux de ce genre une grande place au goût personnel de chacun pour la composition de ces ouvrages. D'ailleurs une construction de ce genre, devant toujours occuper, une place déterminée, dans un but également déterminé, et devant de plus se relier avec les parties environnantes, on aura toujours des guides précis pour vous diriger dans son exécution.

DEUXIÈME SECTION

GRILLAGE MÉTALLIQUE.

Le grillage est un assemblage composé de fils de fer, que l'on tord en formant des mailles régulières. On nomme maille le vide laissé entre chaque fil. Il s'exécute de deux façons à la main, et à la mécanique.

Le premier est toujours plus solide que le second qui généralement est moins bien tendu, mais en revanche plus régulier et plus économique. On ne l'emploie guère que pour tendre des châssis de proportions telles, qu'on ne trouve pas de grillage mécanique tout fait sur de semblables mesures, ou pour garnir des pièces de formes compliquées, exigeant beaucoup de raccords et de coupes compliquant la main-d'œuvre. Son usage est de moins en moins fréquent depuis les perfectionnements apportés dans le grillage mécanique, dont l'emploi devient de plus en plus général. Cependant il est indispensable que le Treillageur, puisse en fabriquer couramment.

CHAPITRE PREMIER

OUTILLAGE ET ATELIER DU GRILLAGEUR A LA MAIN.

§ 1. Outillage.

Il est peu de métiers, qui nécessitent pour l'exercer, moins d'outils que celui qui nous occupe. En voici la nomenclature :

La pince,
La cisaille,
Le dé,
Les doigtiers,
Le marteau,
La règle à diviser.

1° *La pince et la cisaille.* — Cette pince représentée par la fig. 58 ci-contre, est formée de deux branches de fer aciéré. La partie supérieure, que l'on appelle mâchoire, est celle qui sert à pincer le fil, la partie inférieure sert de poignée. Un rivet pivot, permet de les écarter ou rapprocher à volonté. Cet outil sert à la fabrication et à la pose du treillage. Il faut y ajouter, une cisaille ordinaire (fig. 59), qui sert à couper les fils.

OUTILLAGE. 223

Le *dé* de grillageur, est ordinairement coupé dans un vieux canon de fusil, on le porte à l'index de la main gauche, et il sert dans la torsion à tendre avec effort les fils.

Les *doigtiers* sont en cuir souple et assez fort, ils sont sans fermeture à l'extrémité, comme une mitaine. Ils servent à saisir les fils, sans crainte de se blesser.

Le *marteau* est le même que celui décrit pour le treillage.

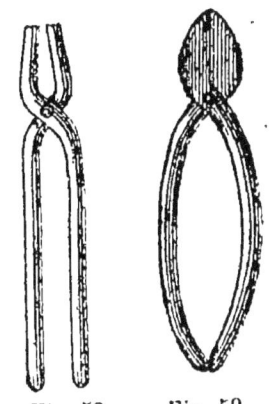

Fig. 58.   Fig. 59.

La *règle à diviser* est un double décimètre, divisé comme les mètres ordinaires.

§ 2. Atelier.

L'atelier doit être bien éclairé, et agencé de la façon suivante :

Il comporte suivant son importance, un ou plusieurs châssis. C'est le nom que l'on donne à une charpente en bois, qui sert à monter le grillage. Il est composé de trois traverses de sapin, mesurant $0^m,10$ de largeur, $0^m,06$ d'épaisseur, sur $2^m,50$ maximum de longueur, assemblées sur deux montants du même bois, ainsi que le montre la figure 211, pl. VI, il se fixe contre un mur ou dans le vide, suivant l'emplacement, mais toujours bien d'aplomb, les traverses bien horizontales.

On le fixe au mur, au moyen de pattes en fer vissées sur les montants et scellées dans la maçonnerie, (voir fig. 212, pl. VI). Lorsqu'il est placé dans le vide, on relie la traverse supérieure à une solive du plafond, par de fortes équerres, et celle du bas est embrassée à entailler par des colliers qui viennent se sceller dans le sol ; ou bien encore par d'autres équerres analogues à celles du haut (voir fig. 213).

Sur les traverses principales, sont pratiquées des rainures, servant à faire glisser des montants provisoires, qui s'immobilisent à l'aide de boulons traversant les deux pièces dans leur assemblage. Ces traverses sont en même bois, que les autres pièces du châssis (voir fig. 211, 212, 213, pl. VI). Ce châssis sert à monter les panneaux, sans risque de s'écorcher les mains, ce qui arriverait infailliblement si l'on montait un panneau sur un mur plein.

Dans un des coins de l'atelier, on disposera bien d'aplomb, un poteau semblable aux montants des châssis, percé de trous de mèche, tous les 0^m,02, fixé au mur à l'aide de pattes de scellement. On aura deux chevilles en fer formant crochet, pour mettre dans les trous, et y entrant à léger frottement. Ce poteau sert à préparer le fil employé pour confectionner les panneaux. (Voy. fig. 222, pl. VI.)

§ 3. Marchandises employées.

Il en est des marchandises employées pour cette fabrication, comme des outils qui servent à l'exécuter. Elles sont peu nombreuses :

OUTILLAGE. 225

Du fil de fer recuit ou galvanisé, quelquefois du fil de cuivre et enfin des clous pour la mise en place.

1° *Fil de fer*. Le fil de fer, est du fer tréfilé par un passage à travers une série de filières, (plaques d'acier percées de trous) et amené à la grosseur voulue. Cette grosseur est désignée par un n° d'ordre, employé invariablement par tous les fabricants, de sorte que c'est sous la dénomination de ces n°s, que le commerce livre cette marchandise aux consommateurs.

Il y a vingt-deux numéros, depuis la marque P, 0, 1, 2 jusqu'au numéro 20.

Voici quelle est la grosseur des fils, par rapport à leur numéro.

P	0^m,0004	0	0^m,0015
0	0^m,0005	11	0^m,0016
1	0^m,0006	12	0^m,0018
2	0^m,0007	13	0^m,0020
3	0^m,0008	14	0^m.0022
4	0^m,0009	15	0^m,0024
5	0^m,0010	16	0^m,0027
6	0^m,0011	17	0^m,0030
7	0^m,0012	18	0^m,0034
8	0^m,0013	19	0^m,0039
9	0^m,0014	20	0^m,0048

Dans le cours de la fabrication, le fil est recuit entre chaque passage à la filière, mais indépendamment de ces cuissons, il faut encore le recuire lorsqu'il est arrivé au n° voulu, afin de lui donner toute la souplesse possible. Toutes ces cuissons se font de préférence au charbon de bois, et d'ailleurs on ne doit employer, pour la fabrication du fil de fer, que du fer de première qualité; le plus renommé pour cet usage, est le fer de la Franche-Comté.

L'une des principales causes de détérioration des grillages métalliques, c'est la rouille qui les ronge, et qui se produit si facilement au contact de l'air toujours plus ou moins humide. On a recherché à y remédier en employant un fil recouvert d'une substance, qui le mette à l'abri de l'oxydation. Ce but a été atteint par l'emploi du fil galvanisé, c'est-à-dire d'un fil recouvert d'une couche adhérente de zinc. On trouvera dans le *Manuel du Plombier, Zingueur, Couvreur,* de *l'Encyclopédie-Roret,* tous les détails relatifs à cette fabrication. Le fil galvanisé, est toujours moins souple que le fil de fer noir et plus cassant; mais sa durée est beaucoup prolongée.

Enfin on emploie quelquefois du fil de fer non recuit, pour faire les bordures; et encore, bien que rarement, du fil de laiton. Les n°s employés varient depuis le n° 3 jusqu'au 18 inclusivement.

2° *Clous.* Les clous qu'on emploie dans la pose du grillage, sont ceux qui sont connus dans le commerce sous le nom de *pointes de Paris.* Ils sont fabriqués avec du fer recuit de façon à pouvoir

OUTILLAGE. 227

ployer sans se casser. On emploie aussi des *goujons ou conduits à sonnettes,* sorte de clous à deux pointes, recourbés suivant la forme d'un U.

On devra toujours conserver soigneusement les fils de fer et les clous, dans un endroit bien sec et à l'abri de l'humidité, pour éviter l'oxydation du fer qui l'altère et le rend d'un usage difficile.

CHAPITRE II

FABRICATION DU GRILLAGE A LA MAIN.

Tableau des grandeurs des mailles, et des numéros de fils employés.

La maille se mesure, comme nous l'avons dit, à l'écartement des fils de fer, par la perpendiculaire abaissée d'un point de la direction d'un fil, sur celle du second. (Voy. fig. 223, pl. VI.)

Voici les grandeurs adoptées pour les mailles, ainsi que la grosseur du fil employé dans chacun de ces cas. Les numéros des fils sont comptés d'un numéro à l'autre *inclusivement*.

La maille de $0^m,010$ se fait avec le fil n° 3 jusqu'au n° 10
$$\begin{aligned}
0\ ,012 &\ldots\ldots 4 \ldots 10\\
0\ ,015 &\ldots\ldots 4 \ldots 12\\
0\ ,018 &\ldots\ldots 5 \ldots 13\\
0\ ,020 &\ldots\ldots 6 \ldots 14\\
0\ ,022 &\ldots\ldots 6 \ldots 14\\
0\ ,025 &\ldots\ldots 6 \ldots 14\\
0\ ,027 &\ldots\ldots 7 \ldots 14
\end{aligned}$$

GRILLAGE A LA MAIN.

La maille de 0,030 se fait avec le fil n° 7 jusqu'au n° 14
0,035	8	15
0,040	8	16
0,050	8	16
0,060	9	17
0,070	10	17
0,080	10	17
0,100	11	18
0,120	12	18

Ce tableau évite d'employer des grosseurs de fil, disproportionnées avec l'ouverture de la maille, ce qui aurait toujours pour résultat un travail imparfait, la tension ne pouvant être faite avec une force suffisante. D'ailleurs cette relation entre la grosseur du fil et celle de la maille, est la condition qui régit toutes les difficultés du travail, car ici la forme de la maille n'intervient plus comme dans le treillage en bois. Plus la maille est petite et plus le fil employé sera gros, plus difficile est le travail; et inversement s'il s'agit d'une grande maille.

Lorsque la grandeur d'une maille est fixée, pour la confection d'un panneau, il faut d'abord diviser la ligne d'encadrement du panneau, suivant une grandeur correspondante. Voici un tableau qui donne les valeurs de ces divisions :

Grandeur de la maille. — La division est égale à la grandeur de la maille, plus l'épaisseur du fil et la quantité suivante :

0^m,010 à 0^m,015 . . . . 0^m,005
0 ,018 à 0 ,020 . . . . 0 ,006

0,022 à 0,025	0 ,007
0 ,027	0 ,009
0 ,030	0 ,010
0 ,035	0 ,011
0 ,040	0 ,012
0 ,050	0 ,015
0 ,060	0 ,020
0 ,070	0 ,027
0 ,080	0 ,034
0 ,100	0 ,042
0 ,120	0 ,050

Ainsi la division correspondant à une maille de $0^m,030$ en fil n° 13 aura pour valeur :

Grandeur de la maille	$0^m,030$
Grosseur du fil n° 13	0 ,002
En plus d'après le tableau précédent	0 ,010
Soit	0 ,042

Préparation du fil de fer.

Lorsqu'on veut monter un panneau, on prépare d'abord le fil que l'on emploiera *par branches*. On nomme branche de fil, un fil double ayant assez de longueur pour faire toute la torsion ; et pour cela la branche doit être mesurée sur la hauteur du panneau, en y ajoutant $0^m,40$ par mètre.

Connaissant ainsi la longueur des branches et leur nombre, qui est donné par celui des divisions, on place les chevilles du poteau isolé (voir fig. 222) à la distance de la longueur des branches, et on mettra le fil à employer sur les chevilles par paquets de trente branches au plus. Il faut dans cette mise en place, bien tendre le fil, et placer les spires bien à la suite les unes des autres. On enroule ensuite la botte du haut en bas à l'aide d'un brin de fil de fer, de façon à n'en former qu'un seul paquet, et on la retire des chevilles, puis on coupe tous les fils au point de la botte qui touchait le dessous de la cheville inférieure, de façon que chaque brin soit formé d'un fil replié sur lui-même au milieu.

On procède ensuite *au dressage des fils* en battant la botte, sur une pierre ou une table à dresser ordinaire (voir fig. 224). Cette table doit avoir environ $1^m,20$ de longueur sur $0^m,50$ de large. Il faut avoir le soin que les coups portent tous carrément, et qu'ils soient répartis également, ce qu'on obtiendra en tournant la botte au fur et à mesure du battage. L'extrémité de la botte, correspondant à la section faite à la cisaille, devra être battue avec un soin particulier, afin d'y détruire tous les crochets qui gêneraient beaucoup dans le travail.

Garniture en grillage d'un châssis en fer de forme rectangulaire.

Supposons que l'on veuille faire cette garniture, en mailles de $0^m,030$ avec un fil n° 10.

On place le châssis, sur le châssis de montage, on l'y fixe solidement et bien d'aplomb. Voyez en A fig. 211, pl. VI.

Nous savons que la division à faire sera égale à 0^m,042. On la porte de droite à gauche, à partir du dedans du montant du châssis, la première et la dernière étant coupées en deux pour former un quart de maille à la première torsion. On emploie pour porter cette division, une règle graduée au centimètre et au millimètre, les points se marquent sur le châssis avec une craie taillée très fin. On prépare les branches de fil, comme nous l'avons expliqué, en observant bien la longueur à leur donner, afin de n'être pas conduit à un raccord si elles étaient trop courtes, et de ne pas avoir de perte si elles étaient trop longues.

L'ouvrier se revêt alors de son dé et de ses doigtiers, le travail se fait de droite à gauche diagonalement ; c'est-à-dire que tout panneau se commence à droite en haut et se finit à gauche en bas.

Mettez une branche de fil sur la marque n° 1, prendre le fil de dessus entre le pouce et l'index de la main droite, celui de gauche le saisit de même mais avec la main gauche, les deux index à environ 0^m,02 de la traverse du haut, faire effort sur les fils, pour les tendre ; relever la main gauche, abaisser la droite en amenant la gauche à la place qu'occupait la droite et réciproquement. Cette opération aura pour résultat de tordre le fil autour du châssis, on recommencera cette opération en changeant de main, et l'on fera ainsi la seconde torsion ; puis on passera le fil tenu par la main droite, en dessous du montant de droite, de manière qu'il soit à la même distance du sommet de l'angle que le premier brin (voir fig. 215, pl. VI).

GRILLAGE A LA MAIN. 233

Placer une seconde branche à la deuxième division, faire la première torsion sous la traverse du châssis comme tout à l'heure, puis avec le fil de dessus de la seconde branche, et celui de dessous de la première, faire une torsion de deux tours en formant une demi-maille. Cette torsion doit se trouver dans l'aplomb de la verticale qui passe par le point milieu entre les divisions 1 et 2 (voir fig. 226). Faire ensuite avec le fil de droite que l'on vient de quitter, et celui de la première branche passé sur le montant de droite une torsion formant maille entière, passer ce fil de droite sur le montant comme l'on a fait avec la première branche (voir fig. 227).

Placer une troisième branche, en répétant avec le fil de dessus, après torsion sur le cadre, et tous les fils pendants (fig. 228), les opérations analogues. On formera encore une demi-maille dont l'aplomb est le point milieu des divisions 2 et 3 et une série de mailles dont les torsions sont sur les verticales des points de division (voir fig. 228).

On opère de même sur une rangée diagonale.

En faisant une torsion, il faut avoir le soin de tendre également les deux fils, relever légèrement ensuite celui qui est à gauche pour faciliter la manœuvre de celui de droite.

L'œil est le seul guide dans ce travail, c'est donc une question d'habileté et de pratique. Les débutants devront de temps en temps se rendre compte si leur travail est régulier, si les torsions sont bien dans les aplombs voulus, si les mailles sont bien égales, et corriger leur manière d'opérer.

La branche nº 7 (Voy. fig. 214) est la dernière que l'on place de la même façon que la branche nº 1, elle enroule le montant de gauche et vient finir la dernière torsion du panneau, en formant un quart de maille à l'angle gauche de la traverse du bas. A partir de cette torsion, on ne porte plus de branches nouvelles; ce sont les brins de fil de gauche qui viennent embrasser successivement le montant de gauche, se retourner sur lui et former les brins de droite avec lesquels on fait la maille, au moyen des autres brins pendants. Exemple : le brin de gauche de la branche posée en 7, se rabat sur la première division du montant de gauche, et vient se tordre avec le brin de gauche provenant des branches 6, 5, 4...; le brin de gauche de la branche 6 se rabat sur la seconde division du montant et vient se tordre avec les brins de gauche provenant de 5, 4... et ainsi de suite. (Voy. fig. 214.)

Dans chaque branche à la dernière torsion, on passe le fil de droite derrière la traverse du bas, et le fil de gauche devant. On forme avec ces deux fils une torsion dessous la traverse du bas, à quatre ou cinq tours, on coupe les bouts de fil et rabat la torsion sur la traverse.

Il peut arriver dans le cours du travail qu'un fil vienne à casser, voici comment on répare l'accident: on coupe le fil au ras de la dernière torsion faite avec lui, on prend un autre fil que l'on termine en crochet, on le place sur le côté droit du bas de la maille, on lui fait faire un tour sur la torsion et on continue le travail avec ce nouveau fil. (Voy. fig. 229.)

GRILLAGE A LA MAIN. 235

Quand le travail est achevé on coupe le crochet, et bien que la torsion soit triple au point de raccord, ce point est presque impossible à découvrir dans l'ensemble d'un travail bien exécuté. On fait de même une *soudure*, on appelle ainsi le raccord doublé que l'on fait en un point non plus avec un fil simple, mais avec une branche, lorsque l'on se trouve en présence d'une branche trop courte ou lorsque l'on veut agrandir un panneau.

C'est avec les soudures et les raccords que l'on répare les accidents, bouche les trous, etc.

Garniture en grillage d'un châssis en bois de forme irrégulière.

Nous supposons que la grosseur des mailles soit déterminée. On fait la division comme dans le cas précédent, en partant de l'angle supérieur de droite sur la traverse et le montant qui y aboutissent. (Voy. fig. 215.)

On voit que pour faire ce panneau, on aura besoin de deux groupes de branches, les unes montées aux points de division sur la traverse horizontale, 1 3 5 7... 17 sont égales entre elles et à la hauteur du châssis multipliée par $1^m,40$; les autres partant des points 2 4 6... 20 tracés sur le montant incliné, inégales, ayant chacune pour valeur la hauteur du panneau mesuré au point correspondant et multipliée par $1^m,40$. Ainsi, par exemple, au point 12 la longueur de la branche sera $(12 - A) 1^m,40$. De plus, ces branches n'auront qu'un fil.

On enfonce une pointe de Paris sur chacun des points de division laissant la tête saillir de 0^m,005 pour y accrocher les branches.

Voici l'ordre dans lequel on opérera, placer les branches 1 3 5 7 le fil 2, pour faire le premier rang de torsion, ajouter la branche 4 pour le second, la branche 6 pour le troisième etc., en opérant ensuite comme précédemment.

Pour faire le panneau du côté gauche, on placera un clou à la rivure de chaque fil, qui sert soit à retourner, soit à monter la torsion du fil, et que l'on enfonce ensuite.

Il faut avoir soin d'enfoncer solidement les clous; pour plus de garantie, on les recouvre d'une baguette, ainsi que le fait voir la figure 216.

Panneau de grillage fait sur bordure.

L'on entend, par grillage sur bordure, un panneau qui n'est pas monté sur un châssis solide, mais dont les extrémités sont limitées par une sorte de corde de fil de fer, à plus ou moins de brins.

On trace le panneau sur le châssis (voir en B la fig. 211), on dresse ensuite la bordure, reploie les angles avec la pince, laissant au premier angle formé un petit retour d'environ 0^m,05, qui servira à le fixer avec le dernier côté (Voy. fig. 230). Cette liaison se fait au moyen d'un petit fil de fer. La figure 231, montre le moyen de raccorder les brins de la bordure dans le cas de grandes longueurs pour petit et gros fil.

La bordure ainsi préparée, est montée sur le châssis à l'aide de clous et fixée sur eux par des brins de fil de fer. Le panneau se monte ensuite exactement, comme dans le cas d'un châssis; il faut avoir le soin de soutenir la bordure sur un clou, à tous les points où s'y attache un des fils du panneau. Quand il est terminé avant de le retirer du châssis, on le guide, c'est-à-dire que l'on passe un fil dans la hauteur, tous les un mètre, qui entrelace les mailles et vient s'attacher aux bordures, afin de conserver la rigidité du panneau dans les manipulations qu'il aura à subir.

Lorsque le panneau qu'on désire monter est plus long que le châssis de l'atelier, on roule sur elle-même la portion déjà faite, on fixe au châssis la partie gauche du panneau, ramenée vers la droite du châssis, on prolonge la bordure au moyen de l'un des raccords que nous avons indiqués, et l'on continue le travail comme précédemment.

Les bordures que l'on emploie, sont du même fil simple que celui du panneau, lorsque le tout sera soutenu sur un cadre solide; autrement les bordures sont faites en fil plus fort, enfin lorsque par suite des dimensions, on aura à rouler le panneau pendant son exécution, il faudra employer du fil flexible pour faire la bordure.

Claies à passer le sable, les cailloux, etc.

Cette claie est d'un usage tellement répandu, que nous donnerons sa construction en détail, cet exemple pouvant d'ailleurs servir de type pour d'autres genres d'ouvrages. On l'emploie non-seulement pour passer les sables et cailloux, mais encore pour les terreaux, terres, etc., et dans tout jardin bien outillé on doit en posséder une.

Cette claie comprend deux parties; la claie proprement dite et le châssis.

La claie est formée d'un panneau de grillage qui se monte ordinairement en fil n° 12, avec un écartement approprié à la nature des substances, que l'on y doit passer. Il offre dans sa forme plus de largeur au sommet qu'à la base, tant pour faciliter le tamisage, que pour réunir les parties non tamisées. Ordinairement on donne à un pareil panneau 1m, 40 de hauteur, 0m, 80 de largeur au sommet et 0m, 50 vers le bas.

On prépare d'abord le châssis de montage (voir fig. 232), puis un rectangle ayant la même hauteur, et la largeur maxima du châssis (voir fig. 233 et 248) sur lequel on fait la division correspondant à la maille, on reporte le châssis de montage sur cette épure, et en prolongeant les diagonales passant par les points de division du rectangle, on obtiendra le tracé correspondant sur le châssis de la claie. L'exécution du grillage se fera ensuite comme nous l'avons décrit précédemment, elle présente une certaine difficulté manuelle pour obtenir une tension régulière, à cause de la grosseur du fil, et cependant il faut que les mailles soient toutes bien égales, car de là dépend la bonne exécution dans le tamisage. On fera bien de faire dans le bas une

GRILLAGE A LA MAIN. 239

torsion à quatre tours, et de bien rabattre les fils, pour que la solidité ne laisse rien à désirer.

La claie s'établit quelquefois *en sonde*. On appelle ainsi un gros fil de fer non recuit employé dans le sondage, d'où ce nom particulier (voir fig. 234). L'écartement est mesuré par la distance entre deux fils verticaux consécutifs, la division qui s'exécute comme dans le cas précédent, est donc égale à l'écartement augmenté de la grosseur de la sonde.

Ayant coupé les brins de sonde, sur les longueurs données par l'épure, et les ayant bien dressés, on pose d'abord les quatre traverses horizontales équidistantes entre elles, et on les fixe à la bordure avec du fil n° 3 par deux tours croisés. Puis on pose les montants, et on les fixe de la même façon aux traverses et à la bordure. La figure 234 montre comment cette liaison est opérée. Cette claie est beaucoup moins solide que la précédente, et ne doit jamais être employée pour des marchandises calibrées.

Le *châssis* est composé de plusieurs pièces. Il y a le châssis proprement dit qui sert à fixer la claie, et le pied qui soutient tout l'ensemble.

On prend deux joues en sapin de 0^m,034 d'épaisseur, sur 0^m,10 de hauteur et 1^m,40 de long, ainsi qu'un derrière en même bois de 0^m,732 de longueur et une traverse en sapin de 0^m,034 sur 0^m,05 de large et 0^m,50 de longueur. Ces deux joues, sont clouées solidement sur le derrière qu'elles affleurent ; la traverse posée dans le bas des joues entaillées sur champ à cet effet, y est clouée solidement.

Des équerres en feuillard, ou des équerres de persiennes servent à consolider ces quatre pièces entre elles (voyez fig. 219 et 220). Sous la pièce que l'on vient d'établir, on pose le contre-châssis, formé d'un cadre de bois de même forme que le châssis de la claie fig. 232, composé de deux joues en sapin de $0^m, 034$, de $0^m, 06$ de largeur, sur $1^m, 40$ de longueur et de deux traverses ; une de $0^m, 732$ de longueur, l'autre de $0^m, 632$, biseautées, le tout cloué et consolidé par d'autres bandes de feuillard et des équerres. La claie est fixée sur le contre-châssis, à l'aide de clous en U représentés fig. 237, qui permettent de la retirer facilement lorsqu'il est nécessaire de le réparer.

Pour terminer la monture complète du châssis représenté dans son ensemble figure 238 et 217, il n'y a plus qu'à monter le tablier représenté fig. 235 et le support ou pied fig. 236. Le tablier, composé de deux pieds de $0^m, 55$ à $0^m, 60$ de hauteur, en chêne de $0^m, 08$ d'équarrissage, sur lesquels on cloue trois planches ayant $0^m, 55$ de large en haut, et $0^m, 70$ dans le bas, est cloué sur le bas de la claie suivant une inclinaison convenable, et consolidé avec les joues par deux traverses inclinées. Le tablier sert à diriger dans leur chute, les matières qui ne traversent pas le tamis et tombent au pied. Le support est composé d'un pied affilé en pointe, d'environ 2^m de hauteur, en chêne de $0^m, 08$ d'équarrissage assemblé avec une traverse et consolidé par deux barres de bois, cette traverse est terminée par deux tourillons qui pénètrent dans deux coussinets (voir au bas de la fig. 220) vissés sous le contre-châssis.

Cette engin facile à construire, doit être d'une grande solidité, on fera bien de le passer à la glu ou au goudron à deux couches, ce qui favorisera sa conservation, et rendra le treillage plus coulant, ce procédé est même préférable à la galvanisation.

Grillage de poulailler, avec garni dans le bas.

Le grillage pour poulailler se fait ordinairement en maille de 0^m, 070 et l'on garnit le bas de façon à resserrer le tissu pour empêcher le passage des petites bêtes.

Voici d'ailleurs le procédé général, pour faire un grillage, dont une partie des mailles est doublée.

On prépare les branches pour la grande maille, et l'on fait le panneau ainsi que nous l'avons décrit pour la partie à grand réseau. A la hauteur où commence le doublage, on pose une bordure du même n° que le fil du grillage, en l'entrelaçant dans toutes les mailles, et en la tendant le plus possible.

On prépare les nouvelles branches nécessaires, et on continue à opérer suivant le principe général, en dédoublant les divisions sur la bordure. (Voir fig. 221).

Le grillage pour poulailler se fait ordinairement sur place, voir même sur la carcasse du poulailler. On l'établit quelquefois en deux parties distinctes, une à grande, l'autre à petite maille; mais ce procédé qui n'offre aucun avantage sur le précédent, fournit un travail beaucoup moins solide. Il faudrait dans ce cas placer pour le raccord, une tringle de fer.

Lorsque l'on montera le grillage sur place, il faut tout en le tendant convenablement, ne pas peser avec excès, afin de ne pas déformer la carcasse généralement légère, et de ne pas produire des tensions irrégulières faisant goder les panneaux.

Grillage pour volière.

La fabrication du grillage pour volière, est pour ainsi dire une spécialité, et n'est exercée que par les meilleurs ouvriers de la partie.

Ce grillage qui se fait toujours avec du petit fil, et à maille très serrée, doit être très régulier, servant ordinairement à la décoration; et cette condition est rendue assez difficile à remplir, à cause de la flexibilité de la charpente de la volière. Ces conditions exigent une grande pratique, une légèreté de main incompatible, avec la confection des gros travaux, aussi constituent-elles, comme nous l'avons dit, une spécialité.

Ceux qui voudront s'exercer à ce genre de travail devront donc redoubler de soins et d'attention.

Le même genre de grillage est encore employé pour garnir les tamis à bluter, les séchoirs à laine, les touraïlles des brasseries, féculeries, etc.

GRILLAGE A LA MAIN.   243

Voici dans quelques cas déterminés, les grandeurs de mailles adoptées.

Poulailler. — La partie supérieure en maille de 0^m,03, le bas doublé.
Clapier ou lapinières............maille de 0,025
Faisanderie...................   »   0,030
Pigeonnier....................   »   0,018
Volières en général............   »   0,010

Grillage calibré.

On appelle *grillage calibré*, celui dans lequel on emploie un calibre en fer ou en bois, dont la maille doit épouser la forme, qui devient le moule de la maille.

Ce travail beaucoup plus long à exécuter que tous ceux décrits précédemment, réclame encore plus de soins. Il faut bien serrer le fil sur les parois du calibre et le bien dresser à chaque maille. (Voir fig. 240).

Observations générales.

Quelques personnes ont conservé l'habitude de former une pelote avec chaque fil nécessaire à la confection d'un panneau de grillage, croyant ainsi faciliter la besogne et éviter de brouiller les fils. C'est là une erreur absolue ; outre que l'on n'évite nullement de brouiller les fils, ceux-ci n'étant pas dressés, le travail est de beaucoup inférieur comme résultat. Que la personne qui a conservé ce mode de faire, veuille bien essayer une fois de suivre la méthode que nous avons décrite, elle ne tardera pas à en reconnaître elle-même tous les avantages, et à l'employer de préférence.

Nous avons fait tous nos efforts dans le cours de ces descriptions pour être clair, au risque de nous répéter quelquefois, nous en convenons; mais nous avons cherché à guider pas à pas le commençant de façon qu'il puisse opérer sans tâtonnements. Qu'il ne s'effraye pas de la lenteur apparente de l'ouvrage, c'est en opérant ainsi qu'il arrivera au contraire très rapidement à exécuter vivement et bien la besogne, deux conditions qu'on ne saurait séparer.

Pose du grillage fabriqué à la main.

Le grillage se pose sur bois et sur fer.

Pour fixer le grillage sur bois, on fixe la bordure du côté gauche avec deux clous en U que l'on enfonce en emprisonnant la bordure, commençant par le coin supérieur et clouant haut et bas à mesure que l'on tend le panneau; puis ensuite on pose des clous intermédiaires tous les 0m,10 environ. Lorsque le panneau a une grande longueur, et qu'il a été enroulé sur lui-même, il sera bon de le dérouler sur un sol plat et de le dresser en le battant.

Pour tendre le treillage, on se sert des branches de la pince comme d'un levier.

Pour qu'un panneau soit bien posé, il faut que les bordures soient bien droites, et le panneau bien tendu. On fera bien de fouetter au cordeau, ou de tracer à la règle l'emplacement de ces bordures sur la charpente, cela facilitera beaucoup le travail de la pose.

Il ne faut jamais enlever les guides d'un panneau, que lorsque la pose est terminée pour le conserver bien intact pendant tout le travail.

La pose sur fer se fait avec du fil, soit par des liens de torsion, soit avec un fil continu que l'on enroule autour de la bordure et de la tringle de fer qui est destinée à recevoir le grillage. On présente le panneau, le fixe de distance en distance par quelques liens en même temps qu'on le tend, et on achève de le fixer, avec un fil de fer que l'on passe dans chaque maille de la bordure, en enroulant la tringle d'appui et en serrant de manière à ce que la bordure touche la tringle d'une façon bien continue. Ces fils d'enroulement sont arrêtés par une torsion.

Lorsqu'une tringle recevra deux panneaux de grillage, le fil devra prendre à la fois les deux bordures et la tringle. (Voy. fig. 239).

Il est inutile d'insister beaucoup sur les conditions à remplir, pour que la pose soit bonne ; car en réalité cette seconde partie du travail dépend essentiellement de la première. Tout en effet dépend du soin et de l'exactitude apportés dans la prise des mesures, et l'exécution conforme des panneaux.

Il peut arriver, par suite d'une erreur, qu'un panneau se trouve trop court, et que la pose soit ainsi arrêtée. Voici comment on pourra réparer cet accident. Si l'on a bien observé les recommandations que nous avons faites, les mailles de côté près la bordure devront avoir trois torsions, et c'est grâce à cette précaution, que l'on pourra réparer l'erreur commise. On retord le fil de la branche qui enroule le côté du panneau, et la dernière maille entière, en formant une demi-maille. Cette demi-maille est donc détruite, la maille entière reste seule de haut en bas (voy. fig. 241), et la triple torsion de cette maille permet d'y intercaler un fil à crochet qui sert à rallonger le fil. On mettra la nouvelle bordure en place, et continuant la division on achèvera le panneau par le procédé habituel.

Si le panneau a été coupé, ou bien si la triple torsion a été omise, on opérerait ainsi : on couperait de haut en bas une rangée verticale de mailles, en laissant les bouts de fils un peu prolongés au-delà de la torsion, pour que celle-ci se conserve (voir à gauche de la figure 241), et l'on ferait le raccord au moyen d'une soudure, ainsi que nous l'avons expliqué.

CHAPITRE III

GRILLAGE A LA MÉCANIQUE.

La fabrication du grillage à la mécanique, pratiqué dans des maisons spéciales, se fait à l'aide de diverses machines en général brevetées, et dont nous n'avons pas l'intention de donner une description détaillée. Il suffira d'en appliquer le principe.

La machine se compose d'un châssis fixé horizontalement sur des pieds scellés solidement, portant à une de ses extrémités, un arbre de couche qui sert à enrouler le treillage. La traverse opposée au rouleau reçoit un certain nombre de bobines suivant la maille que l'on veut fabriquer. La traverse forme elle-même une sorte de châssis dans lequel sont maintenues ces bobines. Chacune d'elles reçoit deux fils enroulés, et porte sur son axe une fourchette à crochets dans lesquels passent les fils en se dévidant.

Un système de crémaillère, mu par un levier, de roues dentées engrènant avec cette crémaillère et montées sur les axes des bobines permet de mettre les divers organes en mouvement, d'une façon en tout point semblable à celle employée dans la machine à fabriquer le treillage.

Pour commencer un panneau, on fixe les fils de l'arbre de couche suivant la maille choisie, en les croisant pour former la maille. En agissant sur le levier qui commande la crémaillère et les bobines, on peut ainsi déterminer une certaine torsion, on enroule la portion de treillage faite, et détermine une seconde torsion, mais en ramenant le levier dans sa première position, on fait tourner les bobines dans un sens opposé au premier, et les crochets qui dirigent les fils suivent le même mouvement, les fils se trouveront de nouveau croisés l'un sur l'autre pour cette nouvelle torsion. Le grillage mécanique se fait aujourd'hui à une, deux, trois torsions. On fabrique également des grillages ondulés sans torsion. Il se vend en général par rouleaux de 50^m de longueur. On les débite également en détail mais alors, on peut avoir des panneaux ne représentant de bordures que haut et bas. Dans ce cas il sera bon avant d'employer ce panneau, ou ceux que l'on sera conduit à découper de la même façon d'arrêter les deux faces du panneau privé de bordures. Pour cela on tendra le panneau sur deux traverses horizontales, en y fixant les deux bordures subsistantes, et l'on passera un guide dans les rangées extrêmes de mailles verticales, par surcroît de précaution on pourra rabattre avec torsion sur le guide les bouts de fils dépassant.

Pose du grillage à la mécanique.

Le grillage se pose également sur bois ou sur fer. Nous supposons qu'on l'emploie comme mode de clôture par conséquent en rouleau bordé sur toutes ses faces.

On prépare les pieux qui le recevront, comme s'il s'agissait d'une des clôtures en treillage que nous avons décrites dans la première partie. On cloue sur la tête des pieux une latte bien dressée. La bordure latérale du grillage est alors fixée sur le premier pieu, au moyen de clous en U, le grillage est déroulé le long de la face des pieux, en le tendant bien, la bordure du haut est attachée sur la latte par des liens, et le grillage est cloué sur chaque pieu. Pour fixer le bas du treillage on rapporte à environ 0^m,15 de terre une latte qu'on cloue sur les pieux par dessus le treillage, et qu'on relie à celui-ci par des liens de fil (voir fig. 242).

Lorsque la clôture emploie plus d'un rouleau, le raccord de deux rouleaux successifs se fait de la façon suivante : si cette ligne de raccord tombe dans l'aplomb d'un pieu, condition qu'on devra réaliser le plus souvent possible, on n'a qu'à clouer les deux bordures contiguës ; sinon, on rapproche bien les deux bordures, et on passe un fil de fer entrelaçant les deux bordures, et les réunit tout ensemble, on arrête par une torsion.

Lorsqu'au lieu de clôtures, pour lesquelles on emploie des rouleaux entiers, il s'agit d'ouvrages n'employant que des panneaux déterminés, on fera la pose sur cadre comme pour le treillage à la main, ayant soin de bien arrêter toutes les torsions des mailles terminant le panneau, sur les côtés dépourvus de bordure. Il sera bon de recouvrir le joint du panneau et du châssis par une baguette, ainsi que nous l'avons indiqué fig. 246.

Il faut toujours quand on prend les mesures, forcer les longueurs, car l'on peut sans inconvénient couper de nouveau, lors de la mise en place, et un treillage trop court ne saurait servir, un raccord vraiment solide étant impossible à faire.

Voici comment se fait la pose sur fer, (soit pour la disposition représentée par la fig. 243).

On dispose les montants en fer, dont la grosseur est liée à la hauteur, ils devront être percés de trous, pour y passer des fils servant à lier le treillage, et ces trous devront être le plus près possible des bords de la face afin de ne pas faire goder les panneaux. Ces montants sont scellés à 2^m environ de distance les uns des autres et on fera bien de consolider un montant sur trois, à l'aide d'une jambe de force.

Lorsque tous ces montants sont scellés en alignement et bien d'aplomb, on tend des fils horizontaux distancés entre eux de 0^m,50 et munis de raidisseurs. Le grillage se pose ensuite, en le reliant aux montants et aux fils tendus par des liens assez nombreux pour qu'il soit solide et rigide.

Lorsque l'on emploie des panneaux déterminés, on opère comme pour le grillage à la main.

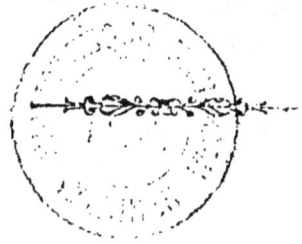

TABLE DES MATIÈRES

PREMIÈRE SECTION

Treillage.

Avant-propos	V
CHAPITRE Ier. ATELIER ET OUTILLAGE	1
§ 1. Atelier	1
§ 2. Épure	2
§ 3. Outils	3
A. *Outils de fabrication*	3
Chevrette à scier	4
Chevalet à scier	5
Fourche à fendre	5
Coutre	6
Mailloche	7
Cheval à fabriquer	7
Serpe à fendre	9
Plane	10
Pelureuse	11
Garde-cote	11
Fourche à lier le bois en bottes	13
Garrot	14
Moule à cercle	15
Billard	15
B. *Outils de montage et de pose*	16
Chevalet à planer	17
Plane	19
Dressoir	20
Serpe à dresser	21
Tenaille à coudre	22
Scie à main dite violon	23
Scie à main dite poignard	24
Scies diverses	24

Scies de fer ou avant-pieu. 25
Masse. 26
Cognée ou hache. 27
Pioche. 27
Billot en bois. 28
Marteau du treillageur. 28
Compas. 29
Plomb. 29
Cordeau. 30
Tourniquet. 31
Mandrins pour faire les ronds. 32
Compas trusquin. 33
Crochet d'épure. . . . .
                                        34

C. *Outils de menuiserie.* . . . . . .

CHAPITRE II. FABRICATION ET PRÉPARATION
DES BOIS DE FENTE ET DE SCIAGE. — 37
MARCHANDISES DIVERSES. . . . . . .
                                        38
Mesurage des bois. . . . .
Coupe ou débitage des bois, dit sciage des 39
perches. — Choix des bois. 41
Pieux. 41
Apprêt des pieux. 45
Fente au coutre. 46
Fente à la serpe. 48
Échalas. 48
Préparation de l'Échalas. 49
Bottelage. 50
Épointage. 50
Dressage. 52
Treillage. 53
Préparation du treillage. 55
Dressage du treillage. 56
Treillage ployé en cercle. 58
Habillage des bois. 59
Bois de sciage. 60
Rabotage des bois. 62
Jonc ou rotin. 63
Marchandises diverses. 64
Peintures des treillages et des claies. .
Chaînes en fil de fer et en tôle pour 65
claies et jalousies. . . . .

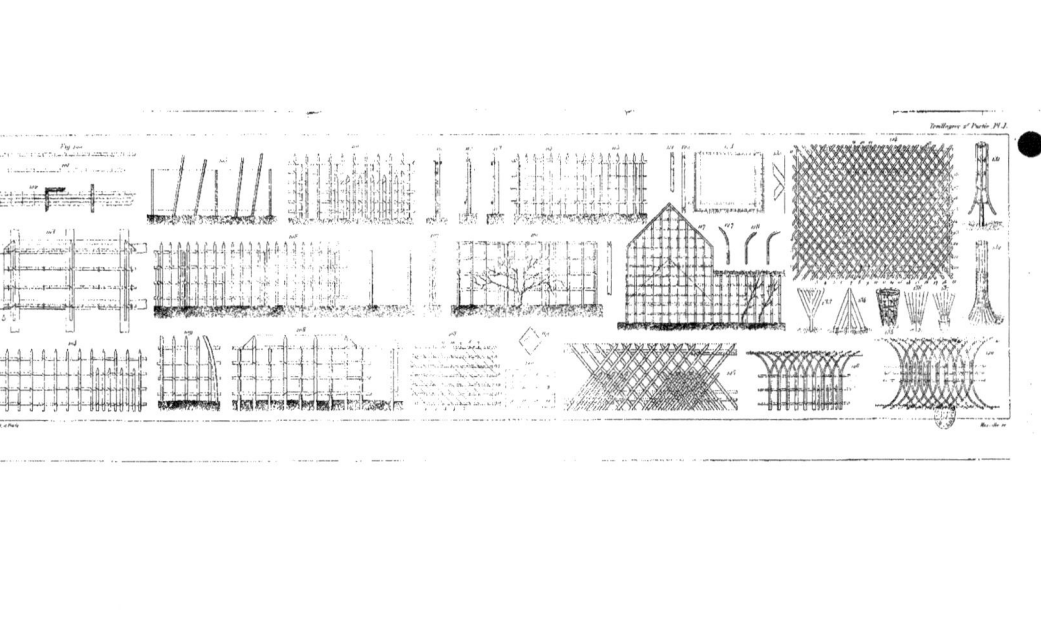

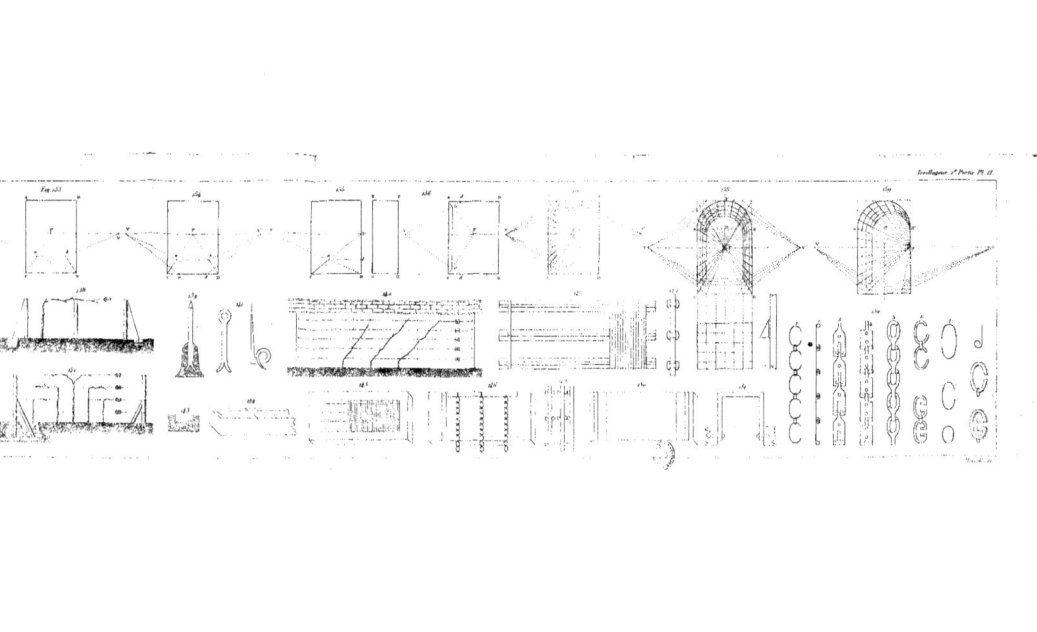

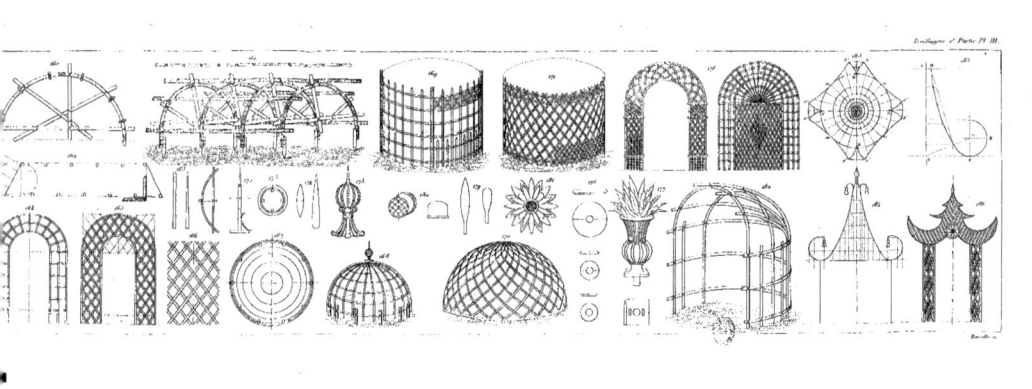

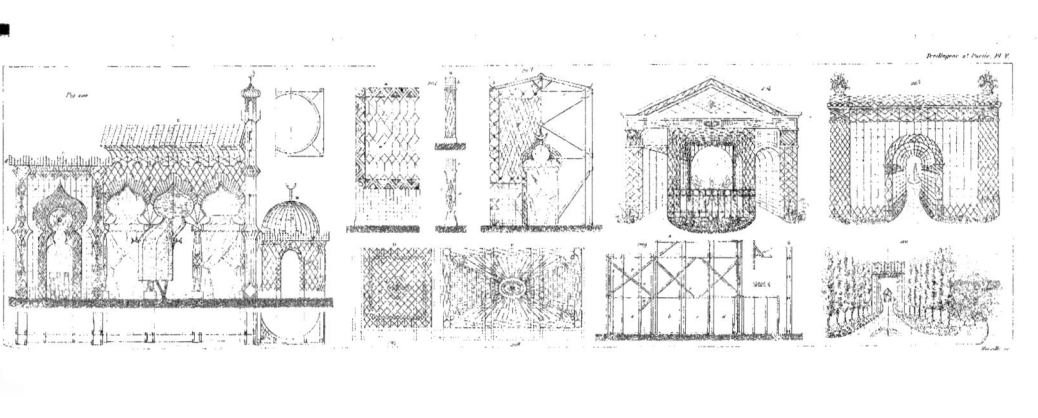

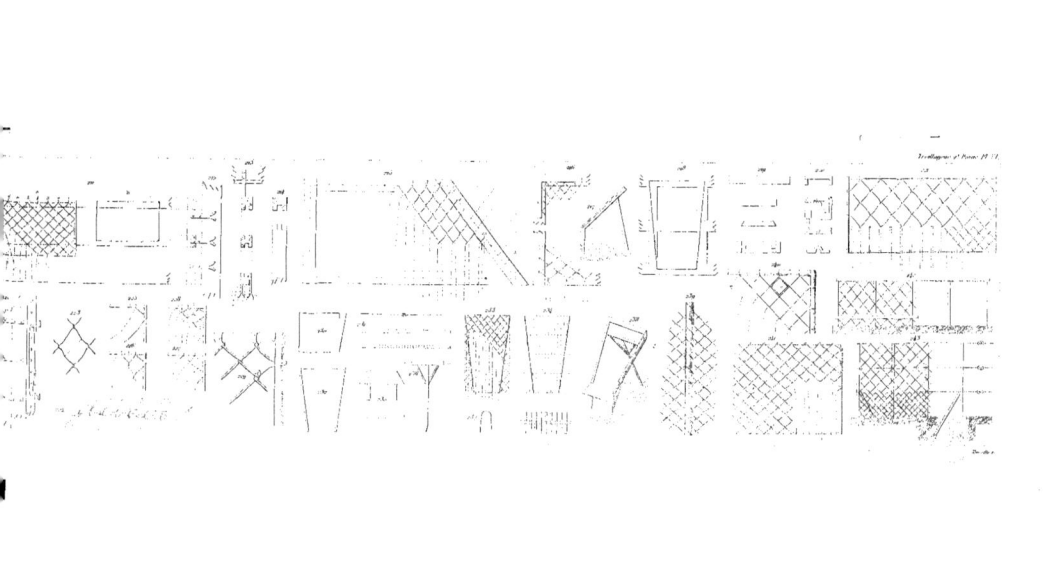

DES MATIÈRES. 253

Nos 1. Système Pilon, perfectionné par Marchal. 66
    2.   —   Pilon, perfectionné par Défosse 66
    3.   —   Pilon. 67
    4.   —   Deschamps. 67
  5 et 6 —   Darthuy. 67
    7.   —   Lebœuf. 67

CHAPITRE III. Clotures. 69

§ 1. *Clôture en treillage.* 69
§ 2. *Clôture en Echalas dite Pâlis.* . . . 77
    Pâlis avec pieux ne servant pas d'échalas. 79
    Pâlis dont les pieux servent d'échalas. . 79
§ 3. *Clôture mixte, mi-partie treillage mi-partie échalas.* 81
§ 4. *Treillage à la mécanique.* 83
    Pose des treillages mécaniques. . . . 86
    Observations générales sur la pose de différentes clôtures. 88

CHAPITRE IV. Treillage a maille déterminée. 90

§ 1. *Treillage à mailles rectangulaires.* . . 90
    Revêtement en treillage à maille rectangulaire. 93
    Observations sur le travail de la maille rectangulaire. 95
    Pose de la maille rectangulaire, sur mur ou en contre-espalier. 96
    Observations sur la pose des treillages à maille rectangulaire. 97
    Observations sur les mailles rectangulaires. 98
§ 2. *Treillage à maille oblique à 45°.* . . 99
    Panneau d'épure. 100
    Pose de ce treillage. 101
§ 3. *Treillage à maille en losange.* . . . 102
    Épure de la maille en losange. . . . 103
    Raccord droit. — Trois manières. . . 104
    Raccord en coupe de section. 111
    Observations sur la façon de monter et de poser les treillages à mailles en losange avec raccord droit ou en coupe de section. 113
    Raccord à queue. 115

Treillageur, 2e partie.   15

§ 4. *Treillage à maille en en losange incliné à 45°.* 117
§ 5. *Treillage a maille en ogive.* 118
 Maille ogive simple. 118
 Maille ogive double. 120
§ 6. *Observations générales sur le chapitre IV.* 121

CHAPITRE V. APPLICATION DU TREILLAGE DANS LE JARDIN. 125
§ 1. *Corset d'arbre.* 125
§ 2. *Cordons d'arbres fruitiers. Espaliers et contre-espaliers.* 126
 Cordons. 126
 Espaliers. 127
 Contre-espalier. 128
§ 3. *Éventail d'arbres.* 129
 Gobelet d'arbre et cône. 130
 Éventails à fleurs. 130
§ 4. *Claies à ombrer les serres et les jalousies articulées.* 131
 Claies fixes. 131
 Claies et jalousies articulées. — Sept systèmes. 133
 Pose des claies à ombrer. 140
 Pose des claies en jalousies sur des parties verticales. 141

CHAPITRE VI. DES BERCEAUX. 144
§ 1. *Voûte en maille rectangulaire.* . . . 144
§ 2. *Voûte en maille losange.* 147
 Observations sur le montage des voûtes. 148
§ 3. *Pose des voûtes.* 149
 Remarque pour le cas particulier où il y a une partie biaise par rapport à la ligne des pieux. 149
§ 4. *Entrées de berceaux dites achivoltes.* 151
 Entrée d'extrémité en maille carrée. . 151
 — en maille en losange. . 152
 Pose des entrées de voûte. 153
§ 5. *Rotonde ou berceau à calotte demi-sphérique.* 153
 Rotonde à maille rectangulaire. . . . 153
 — — en losange. . . . 156

DES MATIÈRES.

6. *Divers ornements employés pour couronner les berceaux en rotonde*. . . 148
§ 7. *Pose des rotondes ou berceaux à calotte sphérique.*. 162
§ 8. *Coquille ou berceau à calotte en quart de sphère.*. 163
§ 9. *Berceau genre chinois.* 165
    Berceau rond. 156
    Berceau à pans. 169
§ 10. *Berceau genre oriental.* 173
    Berceau rond. 173
    Berceau à pans. 174

CHAPITRE VII. ORDRE D'ARCHITECTURES. — PERSPECTIVES EN TREILLAGE. . . . 178

§ 1. *Des ordres d'Architecture.* 178
    Portique en treillage de l'ordre toscan. . 184
§ 2. *Perspective en treillage.* 187
    Mise en perspective d'un berceau rectangulaire. 188
    Mise en perspective d'une voûte. . . 191
    Exécution du travail dans un effet de perspective. 192

CHAPITRE VIII. DU TREILLAGE D'ORNEMENT. 195

§ 1. *Pavillon de repos de style oriental.* . 195
    Assemblage de la charpente. . . . 196
    Préparation du treillage extérieur. . . 200
    Préparation du treillage intérieur. . . 205
    1° Pavillon formant salon. 205
    2° Pavillon central. 208
    Pose de la construction. 210
    Peinture des treillages et des toiles. . 211
    Construction du Marabout. 212
    Observations générales. 213
§ 2. *Emplois de la perspective.* 216
    Construction accompagnant une allée plantée en perspective 216
    Construction placée sur un mur, et donnant un effet lointain. 217
    Construction employée pour masquer un pignon. 219

TABLE DES MATIÈRES.

DEUXIÈME SECTION

Grillage métallique.

CHAPITRE Ier. Outillage et atelier du grillageur a la main.	222
§ 1. Outillage.	222
§ 2. Atelier...	223
§ 3. Marchandises employées.	224
CHAPITRE II. Fabrication du grillage a la main.	228
Préparation du fil de fer.	230
Garniture en grillage d'un châssis en fer de forme rectangulaire.	231
Garniture du grillage d'un châssis en bois de forme irrégulière.	235
Panneau de grillage fait sur bordure. . .	236
Claies à passer le sable, les cailloux, etc. .	237
Grillage de poulailler, avec garni dans le bas.	241
Grillage pour volière.	242
Grillage calibré.	243
Observations générales	243
Pose du grillage fabriqué *à la main*. .	244
CHAPITRE III. Grillage a la mécanique. .	247
Pose du grillage *à la mécanique*. . . .	248

FIN DE LA TABLE.

Imprimerie de Citeaux (Côte-d'Or) -52-

www.ingramcontent.com/pod-product-compliance
Lightning Source LLC
Chambersburg PA
CBHW050632170426
43200CB00008B/988